Peter Loibl

AF176018

Gott
durchschaut!

Der Mensch im *Spiegel* der Schöpfung

———————————————

Warum wir sind, **was** wir sind ...*!*

———————————————

REDITUS *edition*

Peter Loibl

wurde 1967 in Düsseldorf geboren. Er ist gelernter Bankkaufmann und promovierter Volljurist. Seit seiner Jugend beschäftigt er sich intensiv mit den Weltreligionen und Naturwissenschaften. In manchen seiner Bücher verknüpft er beide Themengebiete miteinander, so wie in: *Der Tod gibt sein Geheimnis preis*. Von sich selbst sagt er: „Ich war Sucher, wurde Zweifler, bin Finder!" Und vom Finden zeugt auch sein neuestes Buch: *Gott durchschaut!*

Weitere Bücher: ▪ *Des Teufels Literat*
▪ *Der Klingelton Gottes*
▪ *Der letzte Religionsstifter*
▪ *Dein Gott oder mein Gott?*

Gott

durchschaut!

Bibliografische Information der Deutschen Nationalbibliothek:
Die Deutsche Nationalbibliothek verzeichnet diese Publikation
in der Deutschen Nationalbibliografie; detaillierte bibliografische
Daten sind im Internet über www.dnb.de abrufbar.

ISBN-Print: 978-3-7519-0009-6

R E D I T U S *edition*

Bildnachweis Cover (Rückseite): Pixabay

Herstellung und Verlag:
BoD – Books on Demand, Norderstedt.

Inhalt

*„Ich existiere nur in Beziehung zu Menschen, Dingen und Ideen, und
indem ich meine Beziehung zu den äußeren Dingen und Menschen
wie auch zu den inneren Beziehungen untersuche,
fange ich an, mich zu verstehen."*

Jiddu Krishnamurti

(Zitiert aus »Einbruch in die Freiheit«)

*„Bewusstsein kann sich letztlich nicht selbst bewusst sein,
sich also nicht selbst erfahren, wahrnehmen oder erfassen.
Bewusstsein muss sich mithilfe der Schöpfung, innerhalb von Raum
und Zeit, durch uns Menschen spiegeln, um auf diese Weise
erkennen zu können, was es in Wirklichkeit
– also* jenseits *von Raum und Zeit – ist.
´Denn: Nur wer den Zaun überschreitet,
kennt die Bedeutung der Dinge innerhalb des Zaunes.´"*

Peter Loibl

(Zitiert aus »Der Tod gibt sein Geheimnis preis«; dritter Satz zitiert aus
»Sehen die Person« von Reinhold Bärenz in »Der Atem der Freiheit«)

„[…] nicht das Individuum hat Bewusstsein,
es ist das Bewusstsein, das unzählige Formen annimmt.
Etwas, das geboren wird und stirbt, ist vollkommen eingebildet.“

Sri Nisargadatta Maharaj

(Zitiert aus »Bevor ich war, bin ich«)

„Wir leben in dieser Welt der Dualität,
weil wir nur hier zur Einheit zurückfinden können.“

Kurt Tepperwein

(Zitiert aus »Die Geistigen Gesetze«)

Einleitung

Können wir bereits zu Lebzeiten das Geheimnis unseres (Hier)Seins lüften? Etwa mit der Beantwortung der Fragen:

- *Was ist der Mensch? Was ist seine Seele?*
- *Warum gibt es uns und die Schöpfung?*
- *Was ist der Sinn des Lebens/unseres Lebens?*

Ja, das ist möglich! Und die Antworten hierauf sind – aus einem *bestimmten Blickwinkel* betrachtet – erstaunlicherweise ebenso einfach wie genial, wie wir sehen werden!

Im Zentrum der folgenden Ausführungen steht zunächst nicht der Mensch, sondern die ´**Quelle allen Seins**´ und damit die universelle Macht, die alles erschaffen hat.

Um religiös unvoreingenommen, unbefangen zu sein, wird *diese Macht* in den folgenden Ausführungen nicht mit einem konkreten Glaubensbegriff belegt. Denn je nach Glaubenszugehörigkeit assoziieren wir mit ihm bestimmte Religionen und ihre Stifter (z. B. Siddhartha Gautama, Jesus, Mohammed), religiöse Schriften (z. B. die Bibel, den Koran, die Veden, den Pali-Kanon) und Rituale bzw. Praktiken (z. B. Gebetsformen, Verehrungszeremonien, Feste, Tänze).
Religiöse Normen und Werte prägen uns maßgeblich; wir sehen in ihnen die Grundpfeiler unseres jeweiligen Glaubens. Demgegenüber betrachten wir Andersgläubige und ihre rituellen Handlungen mit teils großem Argwohn; das Fremde bereitet uns Unbehagen. Und so blenden wir aus, was uns Menschen – ob gläubig oder nicht – seit jeher **kosmisch-evolutorisch** untrennbar miteinander verbindet!

Die Wahrheit ist aber: Es gibt das Trennende unter den Menschen nicht wirklich, sobald wir die alles erschaffende Macht nicht in einem bestimmten religiösen Zusammenhang betrachten, sondern vielmehr *religionsübergreifend*, *geschlechtsneutral*. Nennen wir diese Macht daher einfach

ICH!*

Dieses **ICH** erschuf die Schöpfung mit dem einzigen Ziel, *sich darin zu spiegeln*, um

sich selbst zu erfahren,
sich als absolute Vollkommenheit bewusst zu machen!

Um dieses Ziel zu erreichen, war es für das **ICH** unausweichlich, sich nach Erschaffung der Schöpfung in nichts einzumischen, keinerlei Wertung vorzunehmen und für nichts und niemanden Partei zu ergreifen. Alles sollte von nun an so geschehen, wie es nach dem Lauf der Dinge innerhalb der Schöpfung zu geschehen hat. Die Evolution musste demnach von Anbeginn völlig unabhängig von jeglicher äußeren und inneren Steuerung vonstattengehen. Denn dem **ICH** ist es nur aufgrund einer absolut *wertfreien*, *neutralen* und ebenfalls *unbefangenen* Beobachtung der Schöpfung möglich, wahre (*Selbst*)Erkenntnis zu erlangen.

---

* Warum dann der Buchtitel? Nur aus folgendem Grund: *'ICH durchschaut!'* wäre an dieser Stelle nicht nur grammatikalisch dubios, sondern träfe auch nicht sofort eine inhaltliche Aussage. Außerdem dient er einem kleinen Experiment: An was haben Sie bei *'Gott durchschaut'* gedacht? Eventuell neben der beabsichtigten Ambivalenz ('Wer durchschaut wen?') vermutlich (unbewusst) an eine monotheistische Religion, wie etwa das Christentum. Doch was ist mit all den anderen (Welt)Religionen?! Das Wort „Gott" grenzt unsere religiöse Assoziation ganz zwangsläufig ein; hingegen macht uns „**ICH**" als religionsübergreifender und geschlechtsneutraler Begriff für die 'Quelle allen Seins' empfänglich für eine unbefangene und aufgeschlossene Betrachtungsweise!

Der physische und damit *sichtbare* Mensch ist in diesem schöpferischen Erkenntnisprozess des **ICH**s – und jetzt bitte nicht erschrecken! – „lediglich" eine Illusion, wie auch sein Spiegelbild letztlich nichts anderes als bloß eine Illusion ist. Gleichwohl erfüllt er innerhalb der Schöpfung eine wesentliche Funktion: Als fehlbares, unvollkommenes Wesen mit einer ausgeprägten Geistigkeit und einem freien, jedoch auch egobehafteten Willen dient der Mensch dem **ICH** mit nichts Geringerem, als die eigene Vollkommenheit zu erfahren! Ohne uns wäre das dem **ICH** *so* nicht möglich! Und genau aus diesem Grund sind wir trotz unserer illusionären Erscheinung eben *auch „göttliche"* Geschöpfe, die überdies wegen ihrer (für uns *unsichtbaren*) Seelen einen Funken Unsterblichkeit in sich tragen. Letztlich kann das auch nicht anders sein, denn unsere Seelen entstammen der immer und ewig seienden Vollkommenheit des **ICH**s, weswegen sie *keine* Illusion sind!

Verehrte Leserinnen, verehrte Leser, vielleicht mag das Gesagte für Sie noch nebulös oder gar irritierend klingen, Sie werden aber schnell sehen, dass das hier Geschriebene in sich schlüssig ist! Und so wünsche ich Ihnen jetzt eine spannende und inspirierende eigene Erkenntnisreise.

***

Dies ist die Schöpfungsgeschichte
aus einem etwas anderen Blickwinkel.

Dieser ist revolutionär und steht doch im Einklang
mit den (Welt)Religionen und Naturwissenschaften!

ICH

Es gibt *ein* **ICH**!

Dieses **ICH** hat es schon immer gegeben, denn es ist ohne Anfang, ohne Beginn, ohne jeglichen Ursprung. Es hat keinen Schöpfer – keinen Vater, keine Mutter. Folglich wurde es nie geboren. Der Grund: **ICH** ist die einzige Ursache, die selbst keine Ursache hat. Es ist seine eigene sich speisende *immaterielle* Quelle und existiert seit jeher aus sich selbst heraus im ewigen, immer seienden *Nun*. Und es wird bis in alle Ewigkeit existieren … ohne jegliches Ende.

ICH als ´Quelle allen Seins´ ist *geistige Universalität* bzw. *universale Geistigkeit*. Ihr Wesenskern ist immerwährende, unbeschränkte, allgegenwärtige gestaltlose **Bewusstheit**!

Dennoch *wusste* dieses **ICH** nicht, dass es „**ICH**" war! Wie auch? Außer dem **ICH** gab es nichts anderes, wie etwa ein zweites oder drittes **ICH**.

Es gab weder Worte noch Gedanken, denn für Gedanken hätte es der Sprache mit Worten bedurft. Somit gab es auch keinerlei *geistigen* Austausch. Mit wem auch?! Das **ICH** existierte im absoluten *Nichts*! Wie hätte das **ICH** unter diesen speziellen Umständen ohne jegliche Bezugnahme auf etwas Kenntnis von sich selbst erlangen können? Für uns Menschen als soziale Wesen ist das schwer vorstellbar. Auch, weil wir nur sehr begrenzt zum abstrahierten Denken fähig sind! Doch Fakt ist:

Im absoluten ´*NICHTS*´ war das **ICH** (alleinig) <u>einfach da</u>!

ICH

Obwohl es zu jener Zeit (es gab noch nicht einmal die Zeit!) auch kein Hier und kein Dort gab, woraus sich sein *Da*-Sein hätte ergeben können. Es gab nämlich auch keinen Raum, in dem sich das **ICH** hätte *aufhalten* können. Daher gab es um das **ICH** auch keine Außenwelt, also nichts drum herum, denn ein Drum-Herum hätte einen Raum bzw. Räumlichkeit vorausgesetzt. Allerdings hätte das **ICH** dann eine räumlich begrenzte Wesenheit sein müssen, denn nur so wäre das **ICH** vom Raum unterscheidbar gewesen.

Dem war aber nicht so: Das **ICH** war existent; in völliger Raum- und Zeitlosigkeit war es einfach präsent, anwesend, gegenwärtig – eben einfach da! Niemals nicht da!

Doch wie konnte das sein?

Wie konnte etwas da sein, existieren, wenn es weder Raum noch Zeit gab? Oder etwas, irgendetwas, mit dem es sich – auch nur ansatzweise – hätte in Beziehung setzen können? Vielleicht mit etwas Vergleichbarem, Andersartigem, Immateriellem bzw. Materiellem! Und im Rahmen all dessen mit etwas Subjekthaftem bzw. Objekthaftem! Und wenn es nur ein winziges Staubkorn gewesen wäre. Doch woher hätte dieses Staubkorn kommen können, wenn es außer dem **ICH** nichts gab?! Es gab schließlich nur dieses unvergleichliche, einzigartige *e i n e* **ICH**.

Gleichwohl ist dieses **ICH** keineswegs „einsam" gewesen. Denn in Unkenntnis der Zweisamkeit wusste es nicht, was Einsamkeit bedeutet. Daher fühlte es sich auch nicht unwohl oder schlecht. Wie auch? Es wusste mangels Polarität und Dualität ja nicht, wie es ist, sich – entgegengesetzt – wohl bzw. gut zu fühlen. Fühlen war dem **ICH** ohnehin kein

Begriff, denn dafür hätte es Sinne haben müssen, um das Gefühl des Fühlens wahrnehmen zu können. Und vielleicht – ja wahrscheinlich sogar – war es dem **ICH** nicht einmal bewusst, *dass es sich seiner selbst* <u>nicht</u> *bewusst war*!

Wozu auch? Das **ICH** war seit jeher in sich vollkommen! Denn ohne Gegensätzlichkeit bzw. Dualität gab es ja auch nichts Unvollkommenes!

Genau aus diesem Grund kannte es so etwas wie *Geburt* nicht. Aber ebenso wenig kannte es so etwas wie den *Tod*. Das **ICH** kannte nur den permanenten **IST**- bzw. **SEINS**-*Zustand*, nicht jedoch die *Vorgänge* des Werdens und des Vergehens. Beides hätte Entwicklung bedeutet, was ohne die Zeit nicht hätte sein können. Die Vollkommenheit des **ICH**s bedurfte aber keiner Entwicklung; Entwicklung von etwas Vollkommenem ist absolut unmöglich. Wäre sie möglich, bedeutete das, dass die Vollkommenheit letztlich doch nicht vollkommen ist. Denn nur das Unvollkommene (wie etwa der Mensch) unterliegt der Entwicklung; nur das Unvollkommene unterliegt dem **Werden**, der **Wandlung**, dem **Vergehen** … innerhalb von Raum und Zeit.

Das **ICH** aber ruhte in sich. Mitten im *N<u>ICH</u>TS*, also in sich selbst, hatte es seine *Heimat*. Was aber bedeutet ´Heimat´ ohne Kenntnis der *Fremde*? Muss die Fremde nicht erfahren werden, um die Heimat vollends kennen zu können?

Ja! Und genau aus diesem Grund *entschloss* sich das **ICH** irgendwann, seine Heimat des ewigen Nun zu „verlassen" und auf ´Erkenntnisreise´ zu gehen. Das **ICH** richtete sein *Augenmerk*, seine *Wachsamkeit* schließlich nach „außen" – das stetige In-Sich-Ruhen mündete im *E r w a c h e n* !

ALLES und NICHTS

Da es außer dem **ICH** nichts anderes gab, war das im *NICHTS* beheimatete vollkommene **ICH** zugleich ALLES. Zu diesem ´ALLES, was ist´ sagen manche Menschen je nach Glauben Gott, Allah oder Jahwe. Andere wiederum sagen hierzu Nirwana, Brahman oder wieder etwas anderes, z. B. das Absolute, das Höchste, das Allmächtige, das universelle Bewusstsein.

Letztlich spielt es aber keine Rolle, wie Menschen dieses **ICH**, das sie anbeten, verehren oder leugnen, bezeichnen, denn jedes Wort hierfür ist ohnehin völlig unzureichend. Worte sind lediglich Schöpfungen von fehlbaren, unvollkommenen und widersprüchlichen Menschen. Sie können infolgedessen niemals – nicht einmal im Ansatz – den höchsten Zustand des Seins korrekt benennen.

Daher dürfen wir die Worte ´*NICHTS*´ und ´ALLES´ in dem hier erörterten speziellen Zusammenhang inhaltlich auch nicht als etwas Gegensätzliches begreifen. Denn es sind letztlich nur zwei, von unserem Verstand kreierte unterschiedliche Begriffe für das *eine* **ICH**. Somit gilt:

ALLES und *NICHTS* <u>ist</u> **ICH**!

Es gibt hier keinen Gegensatz, nur Entsprechung:

ICH = ALLES = *NICHTS* = **ICH**

Der Urknall

Der Urknall – der aus dem *NICHTS* kam! – war schließlich der *zeitlose Augenblick* des Erwachens, in dem sich das **ICH** auf die ´Reise´ begab mit dem Ziel, sich selbst zu erfahren, sich als absolute Vollkommenheit bewusst zu machen. Das universelle **ICH**-Bewusstsein wurde durch das **ICH** selbst ´ins Leben´ gerufen, um dieses Ziel zu erreichen.

Doch eine nur nach *innen* gerichtete Betrachtungsweise hätte für das **ICH** keinen großen Erkenntniswert und bliebe in der Folge unvollkommen. Vielmehr musste sich das **ICH** nach dem Erwachen für eine allumfassende Selbstfindung an einer *äußeren* Sphäre orientieren, die es zwar selbst zu erschaffen hatte, aber zugleich vollständig **unabhängig** von sich sein musste. Um das zu erreichen, musste das **ICH** **selbstständiges**, geistiges Leben und daneben geist- bzw. leblose Gegenständlichkeit erschaffen – beides auf Basis von Materie bzw. Stofflichkeit von unterschiedlicher Schwingungsdichte. Hierzu bedurfte es einer nach außen gerichteten Welt der Objekte und der Subjekte.

Der Urknall erfüllte diese Voraussetzung mit der Erzeugung von Geistigkeit und atomaren Teilchen, einhergehend mit der Schaffung von Raum und Zeit. Seitdem gibt es *Polarität*, *Dualität* und damit eine Welt der *Gegensätze* sowie *Bedingtheit*, in der das eine von dem anderen abhängt bzw. in der alles auf unterschiedliche Art und Weise in Wechselwirkung zueinander steht. Mit dem Urknall begann das, was wir Menschen seit jeher mit ´S c h ö p f u n g´ bezeichnen. In ihr war fortan Mehrheit bzw. Vielheit existent!

Letztendlich wandte sich das **ICH** mit dem Urknall nach *außen*, um sich durch die Schöpfung mit all ihrem immensen Facettenreichtum *innen* selbst erkennen, sich selbst wahrnehmen zu können. Denn um zu wissen, was das **ICH** *außerhalb* von Raum und Zeit ist („Heimat"), musste es sich *in die Sphäre* von Raum und Zeit begeben („Fremde"). Und das perfekte Hilfsmittel hierzu war – und ist bis zum heutigen Tag – die raum- und zeiterfüllte Schöpfung: Im Großen bestehend aus dem gesamten Kosmos (wobei dieser für uns zum allergrößten Teil noch völlig unbekannt, verborgen ist) und im Kleinen bestehend aus unserem (mittlerweile ganz gut erforschten) Sonnensystem, zu dem auch unser *Heimat*planet Erde gehört.

Damit war das Zusammenspiel von Innen und Außen auf perfekte Weise geschaffen! Daraus folgt:

Die Innenwelt wird (erst)
über die Außenwelt erfahrbar!

Vollkommenheit wird (erst) in Kenntnis
von Unvollkommenheit begreifbar!

Die Illusion

Die Schöpfung ist aber mehr als Raum und Zeit, Materie und Geist. In Wirklichkeit ist sie die *Spiegelung* des **ICH**s und damit sein Abbild. Weil das gespiegelte Bild, wie jede Spiegelung, aus sich selbst heraus jedoch nicht existieren kann, ist es letztendlich nichts anderes als eine **Illusion**.

Mit anderen Worten: Eine Spiegelung ist deswegen „nur" eine Illusion, weil das Spiegelbild selbst *nicht real* ist. Es ist komplett abhängig von seinem Gegenstück, das sich vor dem Spiegel befindet. Und so ist auch die *gesamte* Schöpfung als Illusion nicht real, denn sie existiert nur solange, so lange sich das **ICH** in ihr spiegelt, sich (in) der Schöpfung zeigt, sich ihr offenbart!

Aus diesem Grund spielt es auch keine entscheidende Rolle, ob unsere Erde und unser Kosmos aus wissenschaftlicher Sicht in mehreren Milliarden Jahren oder etwa aus alttestamentarischer Betrachtung in nur wenigen Tagen entstanden sind. Denn Zeit ist ebenfalls nur eine Illusion. [†††]Keine Illusion ist hingegen die menschliche Seele. Sie ist unsterblich und verschmilzt, wenn es soweit ist, als Lichtkörper mit dem **ICH** – nähere Ausführungen hierzu folgen.

Verinnerlichen wir uns bereits an dieser Stelle:
Der „sichtbare" (körperliche, materielle) Mensch ist eine Illusion, seine „unsichtbare" (geistige, immaterielle) Seele ist keine Illusion. Sie existiert (auch) jenseits des Spiegelbildes und damit (auch) jenseits von Raum und Zeit! Die Seele überdauert nicht nur ´unseren´ illusionären Tod, sondern ebenso das Ende der Schöpfung! Auch hierzu später mehr.

Das **ICH** vor dem *Erwachen*:
(Der „Spiegel" als solcher ist *imaginär*. Er dient im
Folgenden lediglich zur Darstellung der Schöpfung.)

Nach dem *Erwachen* spiegelt sich das **ICH** in der Schöpfung:

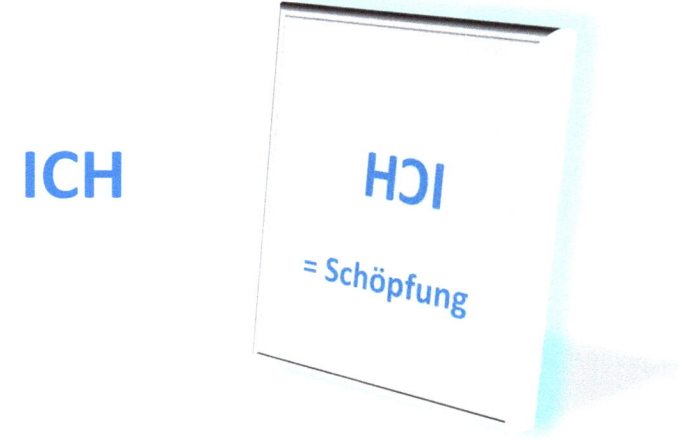

Auch wir Menschen blicken gelegentlich in einen Spiegel und betrachten darin unser Konterfei; gehen wir zur Seite, verschwindet es umgehend. Es existiert nur solange, wie wir uns vor dem jeweiligen Spiegel aufhalten. Es ist somit ebenfalls nichts anderes als bloß eine (visuelle) Illusion unserer „irdischen Wirklichkeit"!

Stets sind das Gespiegelte (der Beobachter) und das Spiegelbild (das Beobachtete) *eins*. Folglich sind auch das **ICH** und die Schöpfung und alles, was sie beinhaltet und umfasst, *eins*! So sind wir beseelte Menschen als Teil der Schöpfung eins mit dem **ICH**; wir sind eins mit unserem Schöpfer. Und durch uns unvollkommene Wesen erkennt das **ICH** seine Vollkommenheit! Schwer zu glauben? Nein! Nach Verinnerlichung all dessen, was hier insgesamt geschrieben steht, ist es eher schwer, *nicht* daran zu glauben!

Wir sind ebenso Schöpfer unserer eigenen Spiegelbilder, die es ohne Spiegel und ohne uns vor dem Spiegel nicht gäbe. Im übertragenen Sinn verhält es sich bei uns so wie beim **ICH**: Jeder Mensch erkennt sich selbst in seinem Spiegelbild; der Spiegel, die Materie, ist das Schöpfungsmedium für sein Ab- bzw. Ebenbild. Der Mensch erfährt durch sein gespiegeltes Konterfei Getrenntheit und Andersartigkeit, gleichzeitig aber auch Verbundenheit und Entsprechung. Aus alldem formt er sich ein Bild von sich selbst. Dadurch erlangt er Erkenntnis, *Selbst*-Erkenntnis. Und doch ist sein gespiegeltes Bild nur eine Illusion!

Diese *irdische Wahrheit* – und die Wahrheit über die Schöpfungswelt des **ICH**s – zu entdecken, ist **die** Aufgabe eines jeden Menschen im Laufe seines Lebens!

Im Gegensatz zu uns und zur gesamten Schöpfung ist das **ICH** keine Illusion! Es spiegelt sich in allem, insbesondere in jedem Menschen, egal ob dieser weiblich, männlich, divers, jung, alt, gesund, krank, hell-, dunkelhäutig, hetero-, bi-, homosexuell ist. Durch uns – durch unsere Sinne, durch *unser* Bewusstsein – erlebt das **ICH** die von ihm selbst geschaffene Schöpfung. Es nimmt unsere Empfindungen in jeder Lebenslage wahr und erkennt auf diese Weise, was die menschliche Gefühlswelt mit ihrer unermesslichen Vielschichtigkeit alles beinhaltet. So erfährt es etwa, was Liebe und Hass, Leidenschaft und Gleichgültigkeit, Freude und Trauer, Zufriedenheit und Unzufriedenheit, Ehrlichkeit und Unehrlichkeit usw. bedeuten. Und all dieses ungefiltert: *unmittelbar* und *direkt* durch die Sinne und aus dem subjektiven Empfinden jedes einzelnen Menschen.

Auf diese Weise erfährt das **ICH**, was Andersartigkeit, Verschiedenheit und Getrenntheit, und insbesondere was Werden, Wandlung und Vergehen (und damit *Entwicklung*) bedeuten. Infolgedessen nimmt es Unvollkommenheit wahr und damit etwas, das es zuvor nicht kannte. Denn das **ICH** war und ist nichts anderes als die Vollkommenheit schlechthin, die absolute Bedingungslosigkeit und Einzigartigkeit, seit jeher unbegrenzt, unendlich und ungetrennt, jenseits von Polarität, Dualität und Bedingtheit – eben das *ewig Eine ohne ein Zweites*: **Die Erstursache!**

Warum also dann die Schöpfung? Nur aus einem Grund: Weil dem **ICH** nach seinem Erwachen *nur* mit ihrer Hilfe **Selbstreflexion** möglich ist. Nur diese *Rückstrahlung auf sich selbst* führt zur ´**Selbst**-Erkenntnis´ des Vollkommenen!

ICH

Der evolutorische Dreiklang

Damit die Schöpfung funktionieren kann, schuf das **ICH** fünf Elemente:

Wasser, Feuer, Erde, Holz und Metall.

Diese fünf Elemente sind die Bedingung für die Erschaffung des Universums mit all den Planeten und Galaxien sowie für das Wesen der Natur und der daraus resultierenden Vielfalt des Lebens auf der Erde als Voraussetzung für das Funktionieren der Evolution. Nur mit ihnen konnte und kann Entwicklung entstehen und bis heute bestehen, weil sie dem evolutorischen Dreiklang entsprangen:

Werden, **Wandlung**, **Vergehen**.

Vergeistigte und *beseelte* Materie tat ihr Übriges, um diesen Dreiklang auf Erden mit Lebendigkeit zu erfüllen.

All das kann wie folgt zusammengefasst werden:
Ohne Schöpfungsspiegel existierte das vollkommene **ICH** völlig unreflektiert. Eine Reflexion war dem **ICH** jedoch mithilfe der Schöpfung möglich. In der (irdischen) Welt der Unvollkommenheit sowie der Dualität zeigten sich Werden, Wandlung und Vergehen. Auf diese Weise offenbarte sich dem **ICH** äußere wie innere, materielle wie immaterielle Entwicklung und damit etwas, das es ohne Erwachen in seinem Reich der Vollkommenheit, im ewigen Nun, nicht kannte. Erst durch **„erlebbare" Entwicklung** innerhalb der Schöpfung *blickt* das **ICH** erkenntnisreich auf/in sich selbst.

ICH-IST

HƆI-

Werden

Wandlung

Vergehen

Der freie Wille

Wir Menschen gelten als Krönung der Schöpfung. Ob das tatsächlich so ist, soll an dieser Stelle dahingestellt sein (siehe hierzu das vorletzte Kapitel). Fakt ist, der Mensch hat durch seine Geistigkeit und seinen freien Willen eine Stellung innerhalb der irdischen Schöpfung inne wie kein anderes Lebewesen auf Erden. Instinktives und triebhaftes Verhalten hat der Mensch mit den Tieren zwar gemeinsam, jedoch unterschiedlich ausgeprägt. Der Mensch kann sich bewusst gegen seinen Instinkt und Trieb entscheiden. Zumindest in Freiheit lebende wilde Tiere haben eine solch ausgeprägte Entscheidungsfreiheit in der Regel nicht.

Ohne den freien Willen des Menschen wäre das **ICH** nicht in der Lage herauszufinden, wie geistige, beseelte Wesen in bestimmten Situationen „aus sich selbst heraus" denken, fühlen und handeln. Menschliche Empfindungen wie Liebe, Hass, Freude, Trauer und Leid wären für das **ICH** *unbeeinflusst* nicht erfahrbar, Andersartigkeit in Bezug auf sich selbst *unverfälscht* niemals wahrnehmbar.

Erst das kompromisslose Loslassen aller Lebensformen, insbesondere des Menschen, bietet dem **ICH** die Gewähr dafür, schöpferische (geistige) Entwicklung, völlig unbeeinflusst von sich selbst, beobachten und (Selbst)Erkenntnis dadurch in unverfälschter Form erlangen zu können.

Das **ICH** schuf zwar die Schöpfung, *nabelte* sich aber sogleich von ihr ab. Die Konsequenz: Der Wille des **ICH**s ist, die Schöpfung einfach geschehen zu lassen und die sich in ihr vollziehende Evolution völlig sich selbst zu überlassen.

Das erklärt letztendlich auch Naturkatastrophen und sämtliche – von uns so betitelte – Unglücksfälle und Schicksalsschläge. Das **ICH** greift ins (schöpferische) Geschehen nicht ein. Es nimmt nicht ansatzweise Einfluss, in welche Richtung auch immer; vielmehr lässt es alles so geschehen, wie Naturgesetze (z. B. Tsunamis, Epidemien/Pandemien als deren Folge) und der Menschenwille (z. B. Völkermord, Zündung von Atombomben) es herbeiführen.

Unser freier Wille hat freilich seine Grenzen. So befähigt er uns nicht, den genauen Zeitpunkt und die näheren Umstände zu bestimmen, wann und wie wir eines *natürlichen* Todes sterben (z. B. hochbetagt friedlich im Schlaf). Gegen die physikalischen und biologischen Gegebenheiten unseres fleischlichen Körpers kann unser freier Wille nicht viel ausrichten: Wir sind von naturgegebenen Einflüssen, die zu unserem Ableben führen, weitestgehend abhängig. Gesund zu leben, garantiert kein beschwerdefreies, langes Leben!

Die Art und Weise des menschlichen Ablebens wird oft als Schicksal oder auch als Bestimmung, Fügung bezeichnet. Gläubige Menschen meinen gar: ´Die Wege des Herrn sind unergründlich´ oder auch ´Mensch denkt, Gott lenkt´! Doch das **ICH** beobachtet nur das Geschehen innerhalb der Schöpfung, es lenkt nicht und kümmert sich um nichts. Das gilt gleichfalls, sollten wir uns für den Freitod entscheiden. Denn unser freier Wille befähigt uns auch zu bestimmen, ob wir durch gezielte Selbsttötung vorzeitig aus dem Leben scheiden wollen – ebenso, ob wir entscheiden, andere Menschen mit in den Tod zu nehmen! Und so kann unser freier Wille zum unfreien Willen eines anderen werden. Doch auch das beobachtet das **ICH** völlig wertfrei!

Das DU

Mit der Schöpfung, der Spiegelung seiner selbst, schuf das **ICH**, wie an verschiedenen Stellen dieses Buchs bereits erwähnt, etwas äußerst Raffiniertes:

> **Getrenntheit,**
> **Unabhängigkeit,**
> **Andersartigkeit,**
> **Unterscheidbarkeit,**
> **Bedingtheit**
> und insbesondere ***Entwicklung.***

Solange sich das **ICH** im Schöpfungsspiegel zeigt, blickt es in das von sich selbst losgelöste *HƆI* und damit in sein spiegelbildliches „*DU*" mit all den vorgenannten Eigenschaften. Das DU ist vom **ICH** zwar abhängig, gleichzeitig kann sich das DU im Rahmen dieser Abhängigkeit aber ohne jegliche weitere Einflüsse oder Vorgaben vom **ICH** völlig frei entwickeln, wodurch wiederum Unabhängigkeit gewährleistet ist. Abhängigkeit auf der einen und Unabhängigkeit auf der anderen Seite bilden die Grundlage für Polarität, Dualität und Bedingtheit: Das innerhalb der Schöpfung autarke DU kann zwar ohne das **ICH** nicht sein; ohne Blick auf sein eigenes DU wiederum könnte das **ICH** sich nicht reflektieren und folglich keine *Selbst*-Erkenntnis erlangen. Demzufolge bedingen sich im schöpferischen Erkenntnisprozess das **ICH** und sein spiegelbildliches DU unweigerlich gegenseitig!

Und insbesondere wir Menschen sind in diesem DU ein wesentlicher Teil dieser gegenseitigen Bedingtheit!

ICH

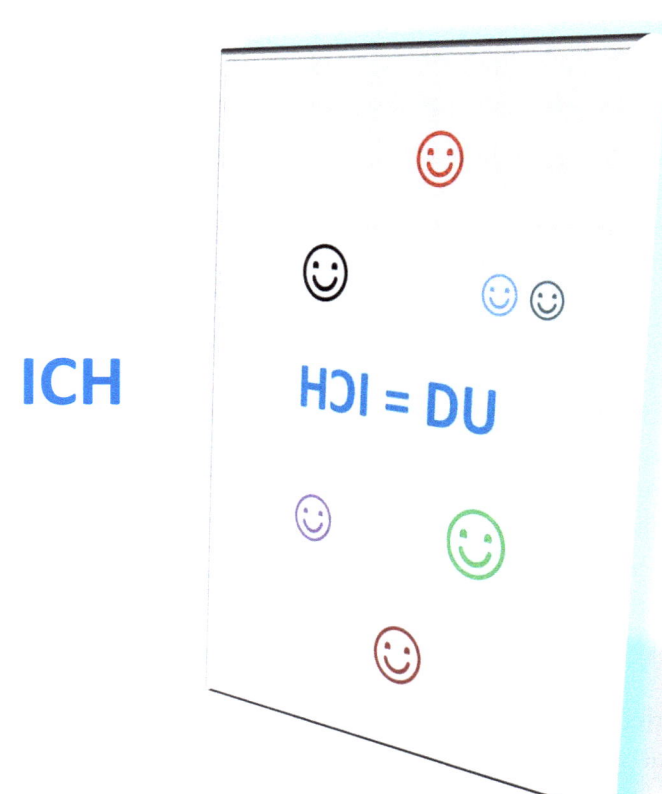

Das vom **ICH** getrennte DU ist unterscheidbar und infolgedessen andersartig. Im unvollkommenen DU ist Entwicklung möglich, im vollkommenen **ICH** selbst war und ist das nicht der Fall. Entwicklung kann das **ICH** nur „im Außen", „in der Fremde" durch sein eigenes DU erfahren!

Speziell durch uns Menschen kann dem **ICH** innerhalb der Schöpfung *geistige* Entwicklung vermittelt werden, denn: Wir sind absolut frei in dem, was wir denken und tun. Wir können Entscheidungen treffen, die losgelöst sind von irgendwelchen Vorgaben des **ICH**s. Das **ICH** gibt uns „lediglich" die Fähigkeit, durch *Denken* unterschiedliche Entscheidungen treffen zu können. So können wir nach eigenem Ermessen Wohltaten vollbringen und Gutes tun, aber auch Kriege anzetteln, in denen wir uns gegenseitig bestialisch abschlachten. Wir können geniale Erfindungen machen und selbst schöpferisch tätig sein, aber Geschaffenes ebenso wieder zerstören, was jedoch auch eine Art von schöpferischem Akt darstellt. Wir sind sogar in der Lage, der Natur, unserem Lebensraum, unserem Heimatplaneten, von dem wir letztlich abhängig sind, so zu schaden, dass wir uns selbst ausrotten. Auch diesbezüglich ist unser freier Wille an keinerlei Bedingungen geknüpft.

Krankheiten, Unfälle, Leid halten unseren freien Willen ein Stück weit im Zaum. Ebenso unser Ego, der gewaltige Gegenspieler des menschlichen Ichs. Denn das Ego tritt die ´*Goldene Regel*´ – und damit **den** ethischen Grundsatz der Menschen schlechthin – nur allzu oft mit Füßen: *„Behandle andere so, wie du von ihnen behandelt werden willst"*, oder auch: *„Was du nicht willst, das man dir tu´, das füg´ auch keinem andern zu."*

Der Beobachter

Wir müssen uns verinnerlichen: Das **ICH** nimmt keinerlei Einfluss auf die einzelnen Abläufe innerhalb der Schöpfung, schließlich will es Erfahrung *jeglicher* Art sammeln. Aus diesem Grund betrachtet es Naturereignisse, insbesondere Naturkatastrophen, absolut **wertfrei**. So wertet es nicht, ob z. B. Waldbrände vor allem zerstörerische Auswirkungen haben und Leben vernichten oder ob die nährstoffreiche Asche eher eine fruchtbare Grundlage für neue Vegetation und damit für neues, noch vielfältigeres Leben bedeutet. Es lässt alles so geschehen, wie es die Natur von sich aus regelt, und nimmt lediglich wahr, wie sich alles entwickelt.

Ebenso wenig wertet das **ICH** unser individuelles Verhalten, etwa wenn ein Mensch sich selbst oder einen anderen Menschen tötet; es beobachtet allein den *Beweggrund* für die Tat — etwa Habgier (Mord), Verteidigung (Notwehr), Mitleid (Tötung auf Verlangen, z. B. eines Todkranken) — und deren Folgen. Denn es will völlig unbeeinflusst von sich selbst die ganze Palette an Erfahrungswerten sammeln. Nur aus diesem Grund erschuf das **ICH** das DU — inklusive uns!

Jeder Mensch ist ich-bezogen. Darüber hinaus ist er aber immer auch du-bezogen, denn er setzt sich — nach seinem Verständnis vom Getrenntsein aller Individuen — stets in Beziehung zum jeweils anderen: Das *Ich einer Person* könnte sich ohne das *Du einer anderen Person* nicht richtig bzw. nicht in vollem Umfang einordnen und begreifen. Aufgrund dieser Wechselbeziehung beobachten wir andere, werden aber zugleich von ihnen beobachtet. Doch anders als das **ICH** werten wir unsere Beobachtungen zumeist. Und gemäß unseren Wertungen verhalten wir uns dann entsprechend.

Letztendlich bestimmen die individuellen Ichs und die individuellen Du´s aber nicht nur unser individuelles, sondern auch unser kollektives Bewusstsein. Dieses prägt unser gegenseitiges, gesellschaftliches, evolutorisches Miteinander. Dabei kommt es permanent (in der Regel unbewusst) zum Perspektivwechsel, zum Rollentausch, denn das Ich jedes Menschen ist zugleich das Du für seine Mitmenschen. Die Folge: Wechselseitiges Erkennen wird möglich!

Und genauso erkennt das **ICH** reflexiv durch das DU, was es als reine Vollkommenheit ohne Schöpfung selbst nicht zu erkennen in der Lage wäre:

ICH *erkennt (sein) eigenes Erkennen!*

Damit ist die Schöpfung *die* Grundlage für die **Selbst**-Bewusstheit des immer und ewig seienden **ICH**s. Durch das Beobachten des DUs *erblickt* das **ICH** das **ICH**-Bewusstsein. Auf diese Weise „erschafft" es sich *geistig* quasi selbst! Diese Geistigkeit schlummerte zwar seit jeher im **ICH**, aber erst mit dem Erwachen (Urknall) konnte sie auch *lebendig* und damit geist-*reich* in Erscheinung treten!

Das Erwachen sowie die Selbstreflexion stellen jedoch keine Entwicklungsstufe(n) für das **ICH** dar, denn das **ICH** selbst unterliegt – ganz anders als sein gespiegeltes DU – *keinem Werden, keiner Wandlung, keinem Vergehen*. Aber genau damit ermöglicht das DU dem **ICH** zu erkennen, dass es als Vollkommenheit keinerlei Entwicklung bedarf:
Entwicklung (Werden, Wandlung, Vergehen) ist einzig und allein innerhalb der Schöpfungswelt, in der Illusion, in der Unvollkommenheit möglich!

ICH-*BIN-DA*

Ohne Schöpfung, ohne Selbstreflexion, würde das **ICH** im raum- und zeitlosen **ICH**-IST verweilen; seine Bewusstheit würde einfach „vor sich hinschlummern". Erst das DU ermöglicht dem **ICH**-IST ein **ICH**-*BIN* zu *sein* (zu „sein", nicht zu *werden*!). Denn „Ich bin" kann nur *jemand* sagen, der sich seiner selbst als *Individuum* voll bewusst ist. Darüber berichtet etwa die Bibel. Als Mose Gott (also das **ICH**) fragt, wie sein Name sei, sprach Gott: *„Ich bin der »Ich-bin-da«."* (Exodus, 2. Mose, 3,14/Einheitsübersetzung v. 1980)

Einen Namen nennt das **ICH** auf Moses Frage nicht. Der Mensch muss jedoch personalisieren, weil er zur Abstraktion nur bis zu einem gewissen Grad fähig ist. Und so wurde in den monotheistischen (Welt)Religionen aus dem namenlosen **ICH** als das Höchste, das Absolute, das Vollkommene, ein "Wesen" der Transzendenz, bezeichnet als

Gott, Allah, Jahwe.

[Etymologisch geht das Wort *Gott* auf „das angerufene Wesen" zurück, das ursprünglich sächliches Geschlecht hatte. Im Sikhismus etwa wird ein gestaltloser Schöpfergott verehrt, der weder Mann noch Frau ist. – Und so ist auch „**ICH**" zu verstehen: Ein geschlechtsneutrales mystisches Wesen der geistigen Universalität bzw. universalen Geistigkeit, das der Mensch personalisiert hat, um es sprachlich wie gedanklich ansatzweise erfassen zu können.]

Ein weiteres Zitat aus der Bibel besagt: *„Im Anfang war das Wort, und das Wort war bei Gott, und das Wort war Gott. Im Anfang war es bei Gott. Alles ist durch das Wort geworden und ohne das Wort wurde nichts, was geworden ist. In ihm war das Leben und das Leben war das Licht der Menschen."* (Johannes 1,1-4/Einheitsübersetzung v. 1980)

Es begann alles damit, dass sich **ICH**-IST über das Wort (die Schöpfung) seiner selbst bewusst *ist*. ´**ICH**-BIN´ „entstand" nicht *am* Anfang – das **ICH** hat ja keinen Anfang –, sondern *im* Anfang, im zeitlosen Moment des Erwachens! *Im* anfangslos, immer und ewig seienden *namenlosen* **ICH** erwachte mit der urknallbedingten Schöpfung (= Geburtsstunde von Raum und Zeit) die **ICH**-Bewusstheit.

Auch wir Menschen sind nur dann in der Lage, uns einordnen bzw. begreifen zu können, wenn wir mithilfe von Beziehungen und der ihnen immanenten Wechselseitigkeit ein „Ich-" bzw. ein „Selbst-Bewusstsein" erlangen. Gäbe es beispielsweise nur uns Menschen als irdische Lebewesen, wüssten wir weder, dass wir *Menschen* sind, noch was uns als menschliche Wesen ausmacht; wir wüssten lediglich, dass wir existieren. Doch erst das Uns-in-Beziehung-Setzen zu Pflanzen, zu Tieren und allem anderen um uns herum (insbesondere zu unseren Mitmenschen) ermöglicht es uns, dass wir uns auf unserem Heimatplaneten Erde als geistige komplexe Wesen begreifen.

Im übertragenen Sinn gilt das für das **ICH** entsprechend: **ICH**-IST erwacht aufgrund des Urknalls. Die Schöpfung ermöglicht dem **ICH** ein *Sich-in-Beziehung-Setzen* mit allem, was die Schöpfung ausmacht. Universelle Bewusstheit reflektiert und „mit der Zeit" begreift das aus dem **ICH**-IST erwachte **ICH**-*BIN*, was es als omnipräsente Bewusstheit (als *An*-Wesenheit) immer schon war:

´**ICH**-*BIN*-<u>DA</u>´ !

Das Ego und das Ich

Das **ICH** als Quelle allen Seins hat in jedem Menschen ein individuelles *Ich* geschaffen. Dieses „kleine" Ich eines jeden Menschen ist quasi eine bis ins Kleinste heruntergebrochene Spiegelung des **ICH**s. Auf diese Weise ist es auch dem Menschen möglich, ein *Selbst*-Bewusstsein zu haben, durch das das **ICH** blicken kann. Das Ich des Menschen ist natürlich, authentisch und vom **ICH** unbeeinflusst. Es ist das Fundament seiner Seele und sieht sich nicht in Konkurrenz, sondern in einheitlicher Harmonie mit den Ichs anderer Menschen. Damit *wäre* es in der Lage, die *Goldene Regel* („Behandle andere so, wie du von ihnen behandelt werden willst") in ihrer reinsten Form auszuleben.

Warum wäre? Warum ist es nicht möglich? Es ist nicht möglich, weil das Ich eines jeden Menschen (die irdische Polarität macht auch hier nicht Halt!) einen gewaltigen Gegenspieler hat, der genau das zu verhindern weiß: **das Ego!**

Das Ego ist eine „Wesensart" *im* Menschen, die in Konkurrenz zu seinem Ich steht. Sie führt ihn in die Tiefen des Zwiespalts, der Konfrontation, denn die Hauptaufgabe des Egos ist es zu trennen, zu spalten und Selbstsucht auszuleben. Infolgedessen fühlt sich der Mensch zwar eingebunden in die soziale Gemeinschaft, als Individuum gleichwohl von allem abgesondert. Und so sieht er sich insbesondere außerhalb seines vertrauten Umfeldes in seinem starken Bedürfnis nach Sicherheit und Harmonie bedroht.

Das Ego versucht, den (vermeintlichen) Bedrohungen, die es größtenteils selbst hervorruft, dadurch zu begegnen, dass es sich in den Mittelpunkt des menschlichen Seins stellt, ohne ein Mindestmaß an Empathie bzw. Demut in Bezug auf das natürliche, authentische Ich. Es will den Menschen beeinflussen, manipulieren, sodass er von ego-behafteten Eigeninteressen zwecks Befriedigung seiner (teils niederen) Bedürfnisse gesteuert wird. Das versperrt dem Menschen den *klaren* Blick auf das Große Ganze, auf das Wesentliche: Erkenntnis über den Sinn und Zweck der Schöpfung, über das **ICH** im Großen wie über sein eigenes Ich im Kleinen.

Das Ego sieht also nur sich selbst, es will die Oberhand über sämtliche Lebenslagen des Menschen gewinnen und behalten. Dafür sucht es sein Heil im Außen – und hier besonders in der Bestätigung/Anerkennung durch andere Menschen. Das Ich, das von seinem Wesen her nach innen, auf das Geistige, auf das Seelenleben gerichtet ist und keinerlei Bestätigung/Anerkennung benötigt, wird vom Ego dominiert, unterjocht. Das gilt, unterschiedlich ausgeprägt, für jeden Menschen. Nur aus diesem Grund ist die *Goldene Regel* als Friedensmaßstab für ein *nachhaltiges* harmonisches Miteinander der Menschen zum Scheitern verurteilt. Und das, obwohl diese Regel als ethischer Lehrsatz, wenn auch unterschiedlich formuliert, seit jeher in allen bedeutenden religiösen wie auch philosophischen Lehren und Texten Einzug gehalten hat! (Siehe z. B. Übersicht bei Wikipedia.)

Gleichwohl darf diese dem Menschen eigentümliche Ambivalenz von Ich und Ego nicht anders ausgestaltet sein, damit das vollkommene **ICH** *auch* die in der menschlichen Polarität liegende Unvollkommenheit erfahren kann!

ICH

DU

☺ ☺ ☺ ☺ ☺

Ich ⟷ Ego

Ohne das menschliche Ego könnte das **ICH** seine eigene *´Göttlichkeit´* (Vollkommenheit) im natürlichen, authentischen Ich der Menschen mangels eines Gegensatzes nicht erkennen. Daher hat das Ego als manipulierender Bestandteil des Menschen ebenfalls seinen Ursprung in der *´Göttlichkeit´* selbst. Es trägt – als Widersacher des menschlichen Ichs – ganz wesentlich zur umfassenden Erkenntnis des **ICH**s bei, denn das **ICH** hat kein *eigenes* Ego, aus dem es eine entsprechende Erkenntnis ziehen könnte!

Mithilfe dieser Sichtweise ist der Mensch in der Lage, sein Ego zu respektieren, ja sogar lieben zu lernen. Er versteht, warum sich andere Menschen von ihrem Ego leiten lassen. Daraus resultiert ein Verständnis für das eigene *egoistische* Handeln. Diese *Selbst*reflexion ermöglicht es ihm auch, sich nicht vollends von seinem Ego beherrschen zu lassen. Und so ist er imstande, sich auf sein natürliches, authentisches Ich zu besinnen bzw. zu fokussieren und eine „heilsame" Balance zwischen Innen und Außen zu schaffen.

Das natürliche, authentische Ich kann sich – so wie das **ICH** auch! – durch Erwachen seiner selbst bewusst werden. Das Ego hingegen ist unbewusst und kann sich nicht selbst erkennen, es folgt lediglich seinem „Trieb", das Ich zu beherrschen. In dem Moment aber, in dem sich der Mensch diesen besonderen Umstand bewusst macht, schwindet die Macht seines Egos.

Das ist unweigerlich der Beginn des Erkennens, dass in seiner irdischen Fehlbarkeit und trotz seines illusionären Erscheinungsbildes (Körper = äußeres Abbild) zugleich ein *´göttlicher´*, nicht illusionärer Funke (Seele = inneres Abbild) des **ICH**s steckt!

Der Tod

Der ´göttliche´ Funke in jedem Menschen kommt schließlich vollends zur Entfaltung, wenn der Mensch stirbt! Mit seinem Tod verschwindet der (geistige) Mensch aber nicht aus der Sphäre des Schöpfungsspiegels, denn das **ICH** spiegelt sich ja nach wie vor darin. Von nun an spiegelt sich im Schöpfungsspiegel seine aus dem fleischlichen Körper befreite Geistigkeit, die wir Seele nennen. Damit steht fest: Der Mensch *hat* keine Seele, sondern die Seele *bedient* sich einer menschlichen, grobstofflichen Hülle!

Aus Sicht des **ICH**s ist das Ableben eines Menschen, und damit der Tod *lediglich* seines fleischlichen Körpers, nichts anderes als ein höchst lebendiger Schöpfungsakt, ein völlig *unspektakuläres* Hinübergehen seiner Seele in eine andere Seins-Sphäre, damit ihre Erkenntnisreise bzw. Entwicklung im Jenseits weitergehen kann! Nach dem „Tod" wird die menschliche Seele nunmehr von einer feinstofflichen Hülle umgeben. Lediglich der fleischliche Körper hat seine Funktion mit dem Tod des Menschen verloren. Seine irdische Hülle zerfällt zu Staub; für die Schöpfung auf Erden hat sie ausgedient und daher keinen besonderen Wert mehr.

Jede Seele setzt ihre diesseitige Reise in einer jenseitigen Sphäre fort. Damit ist für sie auf geistiger Ebene die nächsthöhere Evolutionsstufe erreicht. Und so blickt das **ICH** im Schöpfungsspiegel *parallel* immer auch auf höhere geistige, überirdische (jenseitige) Welten und verfolgt dort die weitere Entwicklung der individuellen Seelen.

ICH

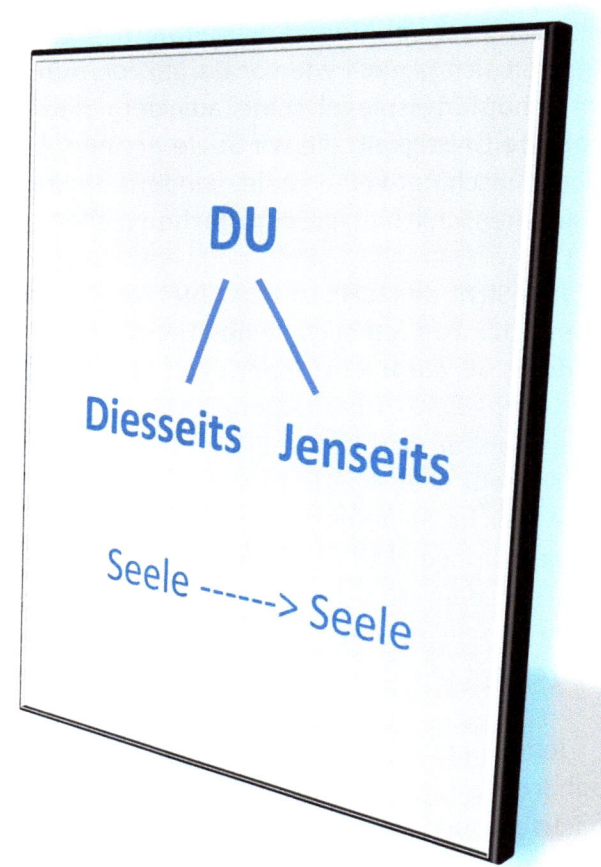

Die Seelenwanderung

Der irdische Tod des Menschen bedeutet demnach nicht das Ende des *Seelenmenschen*, sondern nur das Ende seiner irdischen Hülle! Aber auch im Jenseits ist seine Seele nicht hüllenlos. Allerdings bestehen die dortigen Hüllen nicht wie auf der Erde aus grobstofflicher Materie, vielmehr sind sie feinstofflicher Natur und Teil der menschlich vergeistigten Form. Und je weiter unsere Seelen in die jeweilige jenseitige Welt eintauchen, desto feinstofflicher sind sie umhüllt. Dieser stufenweise „*Enthüllungs*-Prozess" mündet schließlich in einer letzten Jenseitssphäre, in der die Seelen nur noch aus Lichtenergie bestehen. Dann haben sie sämtliche feinstofflichen Umhüllungen „durchlebt" und sind als *reine Seele* präsent – als Lichtkörper.

Nach heutiger Vorstellung existieren vier äußere und drei innere Seelenhüllen.

Die vier äußeren Hüllen sind (von außen nach innen): physischer Körper (unser derzeitiger irdischer Körper), Ätherkörper, Astralkörper, Mentalkörper.

Die drei inneren Hüllen sind (von außen nach innen): Kausalkörper, unsterblicher Geistkörper, Lichtkörper.

Als Lichtkörper *verschmilzt* die Seele in ihrer reinsten Form mit dem **ICH**, denn der Lichtkörper ist im eigentlichen Sinn hüllenlos. Hier offenbart sich, dass das **ICH** und jede Seele – als ein kleiner Funke des **ICH**s – letztendlich *eins* sind (bzw. niemals nicht *eins* waren)!

ICH

Seele
(Umhüllung von außen nach innen)

physischer Körper
Ätherkörper
Astralkörper
Mentalkörper

Kausalkörper
unsterbl. Geistkörper
Lichtkörper

Jenseitswelten

Das **ICH** spiegelt sich innerhalb der Schöpfung *zeitgleich* bzw. *parallel* im Diesseits wie auch im Jenseits. Das Jenseits wiederum besteht aus mehreren hierarchischen Jenseitswelten: Jede Seele geht vom Diesseits ins Jenseits und von dort *im Laufe der Zeit* unter Ablegen ihrer jeweiligen feinstofflichen Hülle weiter in die nächsthöhere Jenseitswelt. Mit jedem Übergang schließt die Seele eine Entwicklungsstufe ab und beginnt sodann mit der neuen feinstofflichen Hülle eine neue Entwicklungsstufe. Das geschieht solange, bis sie die höchste Jenseitsstufe erreicht hat. Hier nun blickt das **ICH** in die reine Seele eines (menschlichen) Geistwesens, in dessen Lichtkörper.

In jeder Daseinssphäre macht die Seele immense neue Erfahrungen. In den Jenseitswelten unterliegt sie keinen räumlichen Begrenzungen und zeitlichen Beschränkungen wie bei uns auf der Erde. Daher gibt es für sie in einem feinstofflichen Körper im Jenseits keine undurchdringbaren Wände oder unüberwindbaren Distanzen. Sie gelangt in kürzester Zeit lediglich durch ihre Geisteskraft direkt an den „Ort", den sie gedanklich anstrebt. Ihr Dasein außerhalb der Materie, die es in dieser Schwingungsdichte nur auf der Erde gibt, macht ihr das möglich.

Aus diesem Grund kann jede Seele mit Beendigung ihres „Hüllen-Lebens" in der jeweiligen Daseinssphäre frei entscheiden – der freie Wille ist nicht nur beschränkt auf die Erde! –, ob sie (erneut) in eine Hülle wechseln möchte, die in einer der unteren Daseinssphären erforderlich ist. So kann eine Seele ihre letzte feinstoffliche Hülle verlassen

und in eine weniger feinstoffliche Hülle einer unteren Jenseitswelt oder gar erneut in einen fleischlichen irdischen
Körper wechseln, mit anderen Worten: reinkarnieren.

Reinkarnierte Seelen bringen ihre Erfahrungen immer in
ihr neues irdisches Dasein mit (allerdings *unterbewusst*). So
ist erklärbar, warum neue Generationen bei den Menschen
meist weiterentwickelt sind und fortschrittlicher denken
und handeln als die Generationen davor. Dadurch konnte
die geistige Entwicklung der Menschheit stetig voranschrei-
ten und in relativ kurzer Zeit aus dem Urmenschen der heu-
tige moderne Mensch werden. Die neuen Hüllen, in die
reinkarnierte Seelen einziehen, bedingen, dass wir keine
bewussten Erinnerungen an vorhergehende Leben haben.
Wäre das anders, könnten wir die *irdische* Sphäre mit ihren
Beschränkungen in Kenntnis der *überirdischen* Sphäre(n)
ohne entsprechende Beschränkungen nicht ertragen!

Die Lehre über die Wiedergeburt steht in vielen Religionen dieser Erde im Mittelpunkt des Glaubens. Auch der
Glaube an ein Leben nach dem Tod ist für viele Menschen
elementar, nicht zuletzt wegen der mittlerweile sehr fun-
dierten wissenschaftlichen Forschungsstudien rund um den
Tod, z. B. auf dem Gebiet der ´Nahtoderfahrung´.

Seelen nehmen in der Schöpfung, der Welt der Illusion,
also eine ganz besondere Rolle ein. Denn im Diesseits wie
im Jenseits sind sie zwar Teil der Illusion, tragen allerdings
einen Funken schöpferischer Unsterblichkeit in sich, weil
sie als Erfahrungsschatz im **ICH** auch dann existent bleiben,
wenn sich das **ICH** erkannt und vom Schöpfungsspiegel
längst wieder abgewendet hat.

Die Vollendung

Jede Erfahrung, die eine Seele in der jeweiligen Sphäre macht, nimmt sie *unterbewusst* mit in die nächste und alle weiteren Daseinssphären. Keine Erfahrung geht verloren. Damit sammelt das **ICH** alle nur denkbaren je gemachten Erfahrungen aller Seelen. Das Ziel ist erreicht, sobald es sich mithilfe aller *irdischen* und *überirdischen* Erfahrungen abschließend selbst erkennt, denn dann begreift sich die Vollkommenheit vollumfänglich als das, was sie seit jeher ist: vollkommen!

Der Weg des Erkennens ist nach menschlichem Maßstab ein langer: Mit dem körperlichen Tod des Menschen ist sein Ego überflüssig geworden. Die Seele, die sich mit dem Tod vom menschlichen Körper löst, löst sich damit auch von dem an den grobstofflichen Körper gebundenen Ego. Übrig bleibt die Seele eines egolosen Ichs. Diese wird nunmehr umhüllt von einem Ätherleib, dem feinstofflichen Leib der ersten Jenseitssphäre. Mit jeder Wanderung in die nächsthöhere Jenseitswelt verliert das jeweilige Ich der Seele immer mehr an Selbstbezogenheit/Individualität und insbesondere an *gefühlter* Getrenntheit in Bezug auf die anderen Ichs/Seelen.

Als Lichtkörper nun entledigt sich jede Seele auch dem verbliebenen restlichen Ich. Als reine Seelen reflektieren (spiegeln) sie das Ab- bzw. Ebenbild des **ICH**s unmittelbar. Spätestens mit dieser Erkenntnis offenbart sich uns:

Alles ist Eins!

Wir sind ´göttliche´ Geschöpfe, deren reine Seelen nach und nach wieder zum bzw. ins **ICH** zurückkehren, dessen Teil wir letztlich immer waren bzw. niemals nicht waren! Das **ICH** erkennt sich schlussendlich selbst durch *unsere* Seelen. Von deren Rückkehr/*Heim*kehr in die ´Quelle allen Seins´ erzählen im Übrigen alle (Welt)Religionen, nur mit unterschiedlichen Worten und Bildern!

Das Geniale an den Seelenhüllen ist Folgendes:

Hätten Seelen in den verschiedenen Daseinssphären keine Hüllen, könnten sie in der illusionären Schöpfung nicht vom **ICH** getrennt bestehen; sie würden immer sofort zum **ICH** streben, um mit ihm zu verschmelzen. Doch erst ihre sphärenbedingten jeweiligen Umhüllungen machen eine Trennung vom **ICH** möglich. Und nur das Wissen über das ´Prinzip der Trennung´ offenbart dem **ICH** die Erkenntnis über *Beziehung, Verbindung, Vereinigung – EinsSein*!

***
*

Die Schöpfung, die dieses Buch bis hierhin im Fokus hatte, kann mit der Vereinigung aller menschlichen Seelen (als Lichtkörper) mit dem **ICH** als *vollendet* betrachtet werden!

Doch ist *die* Schöpfung und der mit ihr verbundene universale Fundus an Erkenntnis für das **ICH** – wenn wir mal über unsere irdische Welt nebst Milchstraße und unsere überirdische(n), jenseitige(n) Welt(en) hinausblicken – als *Großes Ganzes* damit noch längst nicht *beendet*!

Das Große Ganze

Die bisherigen Ausführungen behandelten „lediglich" die Erkenntnisreise des **ICH**s in Bezug auf unsere *relativ kleine, überschaubare* Schöpfungswelt. Sie besteht aus unserem Sonnensystem, das wiederum Bestandteil unserer Galaxie ist. Doch so weitläufig unsere bekannte Galaxie für uns Menschen auch erscheinen mag, sie ist nur ein winziger Teil des gesamten Universums. Denn es ist alles noch gigantischer: Genauso wie es nicht nur eine, sondern Milliarden Galaxien mit jeweils Milliarden von Planetensystemen gibt, gibt es nicht nur die Schöpfung mit unserer irdischen Welt, sondern unermesslich viele kosmische Schöpfungswelten, die der unseren sehr wahrscheinlich ähnlich sind. Das **ICH** „schöpft" im wahrsten Sinn des Wortes mit der irdischen und sämtlichen außer- bzw. überirdischen Welten alles hierfür Erforderliche aus, um zu einer allumfassenden Selbsterkenntnis zu gelangen. Allerdings scheitert unsere Vorstellungskraft daran, das alles zu erfassen.

Vor diesem Hintergrund müssen wir uns Folgendes bewusst machen: Es existieren unvorstellbar viele kosmische Schöpfungswelten, mit denen sich das **ICH** in Beziehung setzt. In jeder dieser Schöpfungswelten gibt es vermutlich im hier beschriebenen Sinn ein Diesseits und ein Jenseits; Und Letzteres besteht wahrscheinlich ebenfalls wieder aus zahlreichen, hierarchisch aufgebauten Jenseitswelten. Alles andere wäre zu einfach und würde das **ICH** auf seiner Erkenntnisreise erheblich einengen. Somit gibt es für das **ICH** ein riesengroßes Erfahrungs-Spektrum bezüglich einer unendlichen Vielfalt allen Seins.

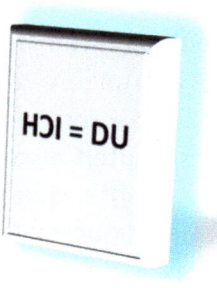

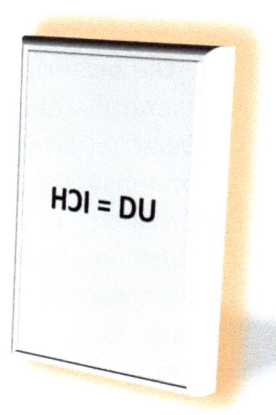

ICH

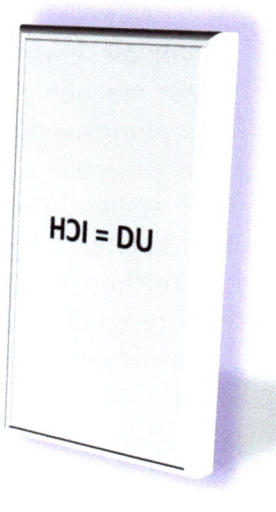

Beim Betrachten des Großen Ganzen darf das Kleinste aber nicht untergehen. Denn das Kleinste macht in der Gesamtheit ja erst das Große Ganze aus! Jeder einzelne Mensch ist im Rahmen des Großen Ganzen zwar nur ein winziges Rädchen, allerdings ein solches mit einer äußerst wichtigen Funktion. Denn jeder Einzelne trägt zum Erfahrungsschatz des **ICH**s ganz wesentlich bei, und das absolut *gleich*wertig. Daher ist kein Mensch unbedeutend, egal ob er gebildet oder ungebildet, kreativ oder destruktiv, gesund oder körperlich bzw. geistig behindert ist, 100 Jahre, 100 Monate, 100 Tage oder nur 100 Minuten lebt. Jegliche bewusste bzw. unbewusste menschliche Erfahrung, jede Seele dient der *unmittelbaren* und *ungefilterten* Selbsterkenntnis des **ICH**s. Ohne jegliche Ausnahme!

Kein Mensch ist wie der andere, kein Gefühl gleicht dem anderen: Liebe/Hass, Freude/Trauer, Furchtlosigkeit/Angst kann jeder Mensch nur für sich selbst empfinden. Das jeweilige Gefühl für andere in Worte zu fassen und es damit für sie direkt erlebbar zu vermitteln, ist nahezu unmöglich. Denn Worte können Gefühle nur abstrakt beschreiben. Somit können die eigenen Gefühle von anderen Menschen niemals 1:1 nachempfunden werden.

Diese Fähigkeit besitzt aber das **ICH**. Es empfindet die Gefühle der Menschen unmittelbar und direkt, denn sie werden nicht durch Worte abstrahiert oder verfälscht. Das **ICH** erlebt jedes Gefühl im selben Augenblick genauso, wie es der betreffende Mensch ebenfalls erlebt. Dieser Umstand macht *jeden Einzelnen von uns* für das **ICH** zu einem *unverzichtbaren* Wesen innerhalb des Großen Ganzen, zu einem einzigartigen, besonderen Geschöpf.

51

Kausales Seelen-Dasein

Wir kommen aus dem NICHTS (= ALLES) und gehen *dorthin* zurück. Für unsere Seelen gilt: Sobald sich das **ICH** im Spiegel der Schöpfung zeigt, sind auch unsere Seelen als Folge des Urknalls existent, in Raum und Zeit präsent, anwesend, gegenwärtig – eben einfach da; das **ICH** blickt ins DU durch unsere Seelen! Und wendet sich das **ICH** vom Schöpfungsspiegel irgendwann einmal ab, werden unsere Seelen mit all ihren Erfahrungen wieder mit dem **ICH** verschmelzen und vereint sein. Wegen dieser schöpferischen Verbundenheit unserer Seelen mit dem **ICH** gibt es – mit Blick auf unser diesseitiges und jenseitiges Dasein – Geburt und Tod für *unsere* Seelen im eigentlichen Sinn nicht.

Wenn wir in unsere irdische Welt „hineingeboren" werden – genauer gesagt, *unsere* Seelen in einen fleischlichen Körper einziehen, inkarnieren –, wandern unsere Seelen lediglich von einem Dasein in ein anderes Dasein. Genauso ist es, wenn *wir* „sterben". Unsere Seelen gehen von einer Welt lediglich in eine andere Welt hinüber. Der Tod ist letztlich nichts anderes als eine stetige Seelenwanderung.

Das Hinübergehen unserer Seelen von einer Welt in eine andere Welt ist geprägt vom *kausalen Seelen-Dasein*. Damit ist gemeint, dass jede Seele wegen des freien Willens selbst bestimmen *kann* (also nicht muss!), welche Erfahrung sie in der anderen Welt nach ihrem Hinübergehen verstärkt machen möchte. Somit kann jede Seele zu einem wesentlichen Teil selbst festlegen, welches Leben sie in der jeweiligen Welt führen möchte. Ursache und Wirkung werden infolgedessen von jeder Seele *weltenübergreifend* selbst hervorgerufen! Gemeinschaftsschicksale betrifft das ebenso.

Seelen *können* sich „verabreden", um konkrete negative wie auch positive Erfahrungen in der Gemeinschaft mit anderen Seelen zu machen. Flugzeugabstürze und Kriege, aber auch Rettungen aus Seenot und Erdbebengebieten sind nur einige wenige Beispiele hierfür.

Seelen *können* auch mit anderen Seelen „ausmachen", welches irdische Elternseelenpaar bereit ist, den fleischlichen Körper zu zeugen, damit eine Seele dort „einziehen" kann, um irdische Erfahrungen in einer bestimmten Zeit und in einem bestimmten Umfeld machen zu können.

Unsere Seelen *können* also in einem gewissen Rahmen bestimmte Bedingungen festlegen, um in der jeweiligen Welt in ihrer jeweiligen Hülle die angestrebten Erfahrungen einzeln wie auch kollektiv zu machen.

Sämtliche bisher gesammelten Charaktereigenschaften und Begabungen, Erfahrungen und Fertigkeiten nehmen wir – unterbewusst, ohne Erinnerung daran – in die jeweilige andere Welt mit. Auf diese Weise ist es auch zu erklären, warum wir bestimmte („Erb-")Anlagen in uns tragen, die im Laufe der individuellen Entwicklung eines jeden Menschen entsprechend zum Ausdruck kommen. Nur so ist es verständlich, dass wir bestimmte Interessen und Begabungen haben, die sich während unseres Heranwachsens, z. B. hier auf der Erde, offenbaren. Interessen (z. B. für bestimmte Hobbys), Vorlieben und Abneigungen (z. B. für bestimmte Speisen), Wunderkinder (z. B. im Bereich der Musik) bzw. Genies (z. B. im Bereich der Naturwissenschaften) sind immer das Resultat mehrerer Leben der jeweiligen Seele in verschiedenen Daseins-Welten. Nichts anderes bedeutet das auf dem freien Willen basierende weltenübergreifende ´kausale Seelen-Dasein´.

Unsterblichkeit der Seelen

Die Erkenntnisreise unserer Seelen endet, sobald sich das **ICH** bis ins Kleinste im Großen Ganzen selbst erkannt hat, sich infolgedessen von den Schöpfungsspiegeln aller Parallelwelten abwendet, weil eine Spiegelung im eigenen DU für die Selbsterkenntnis nicht mehr notwendig ist. Nach menschlichem Maßstab wird das vermutlich in weiteren Milliarden und Abermilliarden von Jahren der Fall sein.

Wenn es schließlich soweit ist, löst sich die Schöpfung wieder ins *NICHTS* auf, möglicherweise mit einem „umgekehrten" Urknall. Dann verschwinden mit einem Mal alle irdischen und überirdischen, diesseitigen und jenseitigen Welten. Doch die vom **ICH** gewonnenen Erkenntnisse und Erfahrungen sind und bleiben im immerwährenden **ICH** beheimatet. Damit leben jede Seele und jede Erfahrung aller jemals existierenden irdischen und überirdischen (insbesondere menschlichen) Wesen im **ICH** für immer und ewig fort. Das kann wahrlich als Unsterblichkeit der Seelen bezeichnet werden. Und was nicht *sterben* kann, kann auch nicht *geboren* worden sein; Seelen sind als Funken des **ICH**s immer und ewig – und damit letztlich keine Illusion!

Mit der vollständigen Abwendung des **ICH**s von allen Schöpfungsspiegeln – und damit vom Großen Ganzen – ist sein (Selbst)Erkenntnisprozess schließlich auch **beendet**! Anfang und Ende der Schöpfung sind *wieder* im **ICH** vereint. ALLES ist Eins, so wie es vor dem Urknall war, jedoch angereichert mit einem unermesslichen Erfahrungsschatz des **ICH**s – und vor allem mit der Erkenntnis: ´**ICH**-*BIN-DA*´!

Sehnsucht und Religionen

Unser Glaube fußt auf unserer Ahnung, auf unserem Gespür, dass mit unserem Tod nicht alles endet. Es scheint tief in uns ein diesbezügliches intuitives, verborgenes Wissen zu geben. Das vereint die Menschen seit jeher und kommt in ihren Religionen zum Ausdruck. Die Vielfalt der Religionen, die im Kern alle dasselbe aussagen – *Alles ist Eins* –, gibt es nur aufgrund der kontinentalen, regionalen sowie kultur-zivilisatorischen Unterschiede zwischen den Völkern. Deren ungleichen Entwicklungen und Erfahrungen ließen in der Folge unterschiedliche Wertanschauungen entstehen.

Daher ist es nicht verwunderlich, dass im Laufe der Zeit auch unterschiedliche religiöse Lehren und Philosophien entstanden sind – getrieben von der Sehnsucht nach Offenbarung des Verborgenen, was den (unwissenden!) Menschen bereits zu Lebzeiten mit Blick auf ein Leben nach dem *irdischen* Tod Seelenfrieden bringen soll. Diese Sehnsucht macht uns zu umtriebigen Wesen auf der Suche nach nichts Geringerem als dem Sinn des Lebens, nach Erlösung, und der damit verbundenen Frage: *Warum gibt es uns und die Schöpfung?* Tief in unserem Innersten spüren wir, dass es etwas geben muss, das sich mit irdischen Maßstäben nicht erklären lässt. Wir ahnen, dass unsere Körperlichkeit dem rein Geistigen völlig unterlegen ist und die Geistigkeit unsere Körperlichkeit überdauert, getreu dem Sprichwort: ´Schönheit vergeht, Weisheit besteht!´

„Warum?" ist wohl das mächtigste Fragewort, das uns auf unserer irdischen Erkenntnisreise zur Verfügung steht. Religionen versuchen, uns eine befriedigende Antwort auf dieses vermeintlich alles offenbarende *Warum* zu geben.

Doch sind die meisten Antworten hierauf die untauglichen Versuche, etwas erklären zu wollen, was wir fehlbaren (egobehafteten) Menschen vollends niemals zu erklären in der Lage sind. Daher fokussieren wir uns auf die Religionen und besonders auf deren Stifter und Propheten, denn wir wünschen uns nichts sehnlicher, als dass „Auserwählte" bzw. „Erlöser" ´göttliches´ Wissen in sich tragen, das uns „einfachen Menschen" so offenkundig zu fehlen scheint. Wir vertrauen darauf, viele sehnen sich sogar danach, dass diese Auserwählten/Erlöser aufgrund ihrer individuellen Erscheinung, ihres speziellen Auftretens und ihrer verheißungsvollen Botschaften mit einer universellen ´göttlichen´ Macht in *enger* Verbindung stehen. Das macht sie für uns so faszinierend, so magisch anziehend. Daran ändert sich auch nichts, wenn ihre Lehren – unwissend oder wissend – fehlinterpretiert werden und dadurch (auch und gerade *´im Namen Gottes´*) immer wieder Glaubenskriege angezettelt wurden und immer noch werden, mit Tausenden und Abertausenden von Toten. Zahlreiche Beispiele in der älteren wie auch jüngeren Geschichte gibt es leider genug!

Religionen sind für viele Menschen ein wichtiger Halt in ihrem Leben. Und dieses Buch will das nicht ändern. Es gibt allerdings immer mehr Menschen, die sich von religiösen Institutionen und ihren Vertretern nicht, nicht mehr oder nicht mehr sehr eindringlich angesprochen fühlen und sich von ihnen abwenden, aus welchen Gründen auch immer. Eine jährlich hohe Zahl an Kirchenaustritten zeugt hiervon. Auch und gerade diesen Menschen soll mit diesem Buch eine andere/neue Sicht der Dinge aufgezeigt werden.

Gebete

Für einige unter Ihnen, verehrte Leserinnen und Leser, stellt sich jetzt vielleicht die Frage: Sind Gebete somit „überflüssig" oder gar „sinnlos" geworden?

Nein, sind sie nicht! Gebete bleiben sehr persönliche (nach innen gerichtete) Gespräche mit dem Angebeteten. Mehr noch! Mit der hier gewonnenen Erkenntnis bekommen sie eine ganz besondere Note, einen noch tieferen Sinn! Denn wir wissen: Das **ICH** nimmt alle unsere Gedanken und Empfindungen unmittelbar, direkt und ungefiltert auf. Ein Verbergen unserer Gedanken und Wünsche ist schlichtweg nicht möglich! Diese Erkenntnis fördert die Ehrlichkeit uns selbst gegenüber, denn wenn wir für das **ICH** „gläsern" sind, nützt ein Verstellen unserer Person – ob mit oder ohne Gebete – nichts! Das Gleiche gilt etwa für die Beichte (das „Sündenbekenntnis").

Aus diesem Grund steht – insbesondere mit Blick auf die *Goldene Regel* – folgende Frage im Zentrum jedes unserer Gedanken, und zwar ohne dass unser Ego dabei in der Lage sein sollte, sich in den Vordergrund zu drängen: *Was will ich wirklich und warum will ich es?* Diese Frage bildet mehr denn je das Fundament für ein offenes, ehrliches Gespräch mit dem **ICH** – und letztendlich (auch) mit uns selbst!

Weil das **ICH** alles von uns ungefiltert aufnimmt, „(er)hört" es alle unsere Gedanken und Gebete mit allen darin vorgetragenen Bitten. Ob sie aber in Erfüllung gehen oder nicht, entscheidet letztlich nicht das **ICH**, denn es hält sich ja aus jeglicher Wertung raus, wie wir längst wissen.

Drei einfache Beispiele sollen das verdeutlichen:

• Ein Kind bittet Gott/Allah, er möge die Sonne scheinen lassen, damit die Familie das ganze Wochenende am Badesee verbringen kann. Der gläubige Landwirt wiederum bittet im Gebet, Gott/Allah möge es in der Region rund um diesen Badesee am selben Wochenende mal wieder kräftig regnen lassen, damit seine Ernte nicht verdorrt.

• Fußballfan A betet zu Gott/Allah und bittet ihn, seine Mannschaft zum Sieg zu führen. Der gegnerische Fußballfan B betet ebenfalls zu Gott/Allah und bittet ihn mit Blick auf dieselbe Partie, seine Mannschaft gewinnen zu lassen!

• Soldat A bittet Gott/Allah um Beistand im Kampf und den Sieg seiner Armee; der gegnerischen Soldat B betet ebenfalls zu Gott/Allah und bittet ihn für sein Überleben und die siegreiche Schlacht seiner Armee.

Müsste sich das **ICH** in diesen Fällen entscheiden, nach welchen Kriterien sollte es dies tun?

Diese Beispiele zeigen sehr deutlich, wie wir das Bitten in unseren Gebeten nach menschlichen Maßstäben auf das angebetete **ICH** projizieren und es infolgedessen (unbewusst) instrumentalisieren, vermenschlichen, ja regelrecht auf unsere Ebene der Unvollkommenheit „erniedrigen"! Entschiede sich das **ICH** für die Erfüllung der einen Bitte, entschiede es sich zwangsläufig für die Nichterfüllung der anderen: Es müsste also abwägen, Partei ergreifen, gerecht und ungerecht zugleich sein!

Wäre ein solches Abwägen „göttlich"? Die einzige Antwort hierauf kann nur *nein* lauten! Gerechtigkeit ist etwas, was ausschließlich wir Menschen als egogesteuerte Wesen (meist sehr unterschiedlich) definieren. Das von der Schöpfung abgenabelte **ICH** hat aber kein Ego und es wertet nicht, denn sonst wäre es jenseits der Vollkommenheit! Und genau aus diesem Grund gibt es auch keine, von Gott geschaffenen jenseitigen Welten der Bestrafung (z. B. Orte der Verdammnis, wie etwa die Hölle) oder solche der Belohnung (z. B. ein Paradies mit 72 Jungfrauen). Diese entstammen ausschließlich der menschlichen Vorstellung von Gut und Böse. Versprechungen und Ängste werden zur Triebfeder für das Handeln der Menschen; sie machen sie gefügig, manipulierbar und damit unfrei. Deswegen hält sich das **ICH** aus allem raus!

Beten ist und bleibt elementar für Gläubige, denen das Gebet einen Halt in ihrem Leben gibt. Das **ICH** beobachtet, wie wir damit umgehen, sollte sich eine mit dem Gebet verbundene Bitte „erfüllen" oder aber „nicht erfüllen". Es *erforscht* unsere Reaktion, insbesondere in emotionaler Hinsicht. Allein diese Erkenntnis macht aus jedem Gebet etwas Außergewöhnliches, Erhabenes, etwas „Heiliges".

Die Gebetszeile im Vaterunser „Dein Wille geschehe" steht hiermit nicht im Widerspruch. Denn der Wille, alles geschehen zu lassen, so wie es innerhalb der Schöpfung *unbeeinflusst* vom **ICH** auch geschieht (z. B. die Sonne scheint; Mannschaft A gewinnt das Fußballspiel; die Armee des Soldaten A verliert die Schlacht, er überlebt unverletzt, Soldat B hingegen stirbt), ist nichts anderes als *sein Wille*, („wie im Himmel, so auf Erden") alles *abgenabelt* von sich selbst aufmerksam zu beobachten, wahrzunehmen und sich infolgedessen selbst zu erkennen. Und wir Menschen dienen diesem schöpferischen Erkenntnisprozess des **ICH**s.

Propheten, Heilige, Gottessohn

Wir verwenden Begriffe und definieren Dinge, ordnen sie ein und bewerten sie, denn das ist die Grundvoraussetzung dafür, miteinander kommunizieren zu können. Letztlich bestimmen wir mithilfe der Sprache, welche Bedeutung den Dingen zukommt (*„Im Anfang war das Wort …"*).

Das gilt auch in Bezug auf Propheten, Heilige und Jesus, den Christen als Sohn Gottes, Moslems hingegen nur als einen von zahlreichen Propheten ansehen. Nach unserem religiösen Verständnis geben wir den Genannten die ihnen zukommende Bedeutung. Wir lobpreisen sie für das, was sie sind, weil *wir* sie zu dem machen, *wer* bzw. *was* sie sind: Propheten, Heilige, Gottessohn! Dagegen ist nichts einzuwenden, denn das **ICH** lässt uns auch diesbezüglich absolut freie Hand!

Propheten, Heilige und Gottessohn sind für uns ganz besondere Menschen, weil sie außergewöhnliche Fähigkeiten bzw. Eigenschaften haben, die sie mit ihrem ebenso außergewöhnlichen Wirken, das zumeist historisch belegt ist, für uns „einfache" Menschen als „gerecht" im transzendenten Sinn, wenn nicht gleich als „göttlich" erscheinen lassen. Unser starkes Bedürfnis, das *Höhere Sein* in außergewöhnlichen Menschen zu erblicken und die damit implizierte ´Göttlichkeit´ in ihnen für uns ein Stück weit erfahrbar zu machen, bringt uns schließlich dazu, ihre Lehren und den Glauben an sie anzunehmen und zu festigen, in manchen Fällen durch eine – gemäßigte oder auch radikale – Hingabe in Ordensgemeinschaften.

Und doch sind diese außergewöhnlichen Menschen „nur" Teil der illusionären Schöpfungswelt. Das **ICH** spiegelt sich in ihnen, in ihren Seelen, genauso wie es sich in jedem Einzelnen, in jeder einzelnen Seele von uns spiegelt. Es beobachtet das außergewöhnliche Wirken dieser Menschen, aber auch unser Bedürfnis, sie zu verehren und anzubeten, sie zu leugnen oder zu verachten.

Ebenso beobachtet es unser Verhalten, Despoten, Autokraten und menschenverachtende Diktatoren abzulehnen, vielleicht auch zu verteufeln, oder ihnen zu huldigen oder gar zu verfallen! Schließlich gelangen sämtliche Eindrücke in den unermesslichen Erfahrungsschatz des **ICH**s.

Welche Menschen wir als anbetungs- bzw. verehrungswürdig und welche wir als verabscheuenswürdig erachten, obliegt jedoch wiederum ausschließlich der individuellen, freien Entscheidung jedes Einzelnen.

Nur *wir* schaffen Kategorien wie ´gut´ und ´böse´, ´heilig´ und ´despotisch´, ´moralisch verwerflich´ bzw. ´moralisch vorbildlich´. Nur *wir* bewerten Menschen und Dinge und machen sie bedeutungsvoll! Das **ICH** beobachtet lediglich, wie wir mit den von uns selbst geschaffenen Kategorien und den damit verbundenen Definitionen umgehen und welche Bedeutung wir den Dingen beimessen; es selbst wertet nicht! Denn für das **ICH** selbst hat ´Bedeutung´ – anders als für uns nach stetiger Bedürfnisbefriedigung und Anerkennung gierenden Menschen – keinerlei Bedeutung. Das sollten wir uns immer und immer wieder in Erinnerung rufen!

Das Wissen um das Wesen des ICHs

Wir haben längst erkannt, dass das **ICH** die gesamte Schöpfung zum Zweck der Selbsterkenntnis beobachtet und diesbezüglich besonders in Bezug auf uns Menschen alle unsere Gedanken, Empfindungen und Emotionen ohne jegliche Wertung unmittelbar wahrnimmt und ungefiltert in seinen Erfahrungsschatz einbringt. Das bedeutet: Selbst wenn wir wollten, wir könnten uns dem nicht entziehen. Zu jeder Zeit und an jedem Ort gilt – und zwar ohne jegliche Ausnahme – das unausweichliche *Schöpfungsprinzip*, das in Anlehnung an ein bekanntes Zitat zugespitzt werden kann:

ICH *is watching you!*

Doch wer wird schon gern beobachtet? Und zwar in jeder nur erdenklichen Situation? Und dann noch ungefragt?

Verfehlt wäre es gleichwohl, dieses Schöpfungsprinzip in irgendeiner Form als bedrohlich zu empfinden, denn das **ICH** wertet unser Tun ja nicht. Vielmehr können wir es als tröstlich, ja als ermutigend und inspirierend auffassen, weil wir uns in der Obhut *unseres* Schöpfers befinden, egal wie schlimm oder leidvoll unsere jeweilige Situation auch sein mag. In ihr können wir niemals verlorengehen. Denn jeder Einzelne von uns – genauer gesagt, unsere Seele – bleibt im unermesslichen Erfahrungsschatz des **ICH**s beheimatet, und das für alle Ewigkeit. Denn wir wissen: Das bleibt auch so, wenn die Schöpfungswelt irgendwann einmal nicht mehr existiert, weil sie für den Selbsterkenntnisprozess des **ICH**s nicht mehr notwendig ist.

Damit drängt sich fast schon unweigerlich die spannende wie auch gestalterische und wegweisende Frage auf: Wie können wir dieses Wissen um das Wesen des **ICH**s und das Schöpfungsprinzip für uns in Bezug auf unser gegenwärtiges irdisches Leben nutzen?

Unser freier Wille entscheidet zunächst, *ob* wir unsere diesbezügliche Erkenntnis nutzen *wollen* oder nicht. Wollen wir sie nutzen, dann müssen wir uns immer wieder aufs Neue bewusst machen, dass sich das **ICH** in der Schöpfung und damit auch in jedem von uns spiegelt: Wir *dienen* dem **ICH** mit *unserer individuellen* Erden- bzw. Seelen-Präsenz!

Unser diesbezügliches Wissen ermöglicht es dem **ICH** schließlich, sich quasi **doppelt** in uns zu spiegeln. Denn zum einen nimmt das **ICH** unsere *von ihm unbeeinflussten* Gedanken, Empfindungen und Emotionen *als solche* wahr, zum anderen erkennt es, dass *wir* das Schöpfungsprinzip begriffen, ja regelrecht *„durchschaut"* haben und wissen, dass es uns beobachtet und sich dabei in uns spiegelt, um sich selbst als Vollkommenheit erkennen zu können.

Mit dem Wissen über die doppelte Spiegelung des **ICH**s in uns sind wir in der Lage, unsere Gedanken und unsere Handlungen gezielt zu steuern und unsere Empfindungen und Emotionen konkret zu beeinflussen. Infolgedessen können wir sogar in einem gewissen Maß bestimmen, was das **ICH** nach unserem Dafürhalten durch uns selbst wahrnehmen soll/wird, damit bestimmte Erfahrungen in seinen ewigen und unermesslichen Erfahrungsschatz fließen!

Mit dieser weitreichenden Erkenntnis werden wir selbst zum Schöpfer innerhalb der Schöpfung! Das **ICH** erkennt nicht zuletzt in dieser Vorgehensweise, dass Schöpfung – neben einer zeugungsbedingten physischen/biologischen Erschaffung – für höhere Wesen aus etwas ganz Elementarem besteht: aus *geistiger* Schaffenskraft. Daraus erwächst schließlich nichts Geringeres als die wahre Erkenntnis über die Bewusstheit des eigenen Wesens! Das gilt für das **ICH** genauso wie für uns Menschen. Und: *Wir* ermöglichen es uns damit selbst, die sehr facettenreiche Schöpfung aus dem Blickwinkel eines Beobachters zu sehen, zu ergründen und dadurch geistig weiter zu wachsen!

Das **ICH** spiegelt sich in der Schöpfung in uns und durch uns. Wir reflektieren diese Spiegelung nun quasi doppelt, indem wir dem **ICH** „aufzeigen", dass wir das Schöpfungsprinzip voll erfasst haben. Damit strahlt unser geschärftes Bewusstsein auf das **ICH** zurück. Die Folge ist:

ICH *erkennt, wie es ist,*
(von anderen) erkannt zu werden!

Auf diese Weise werden ein Stück weit die Rollen getauscht: Der Beobachter wird zum Beobachteten und der Beobachtete wird zum Beobachter; das *eigentlich* illusionäre Spiegelbild wird gewissermaßen zum „bewussten" Beobachter desjenigen, der sich (ebenso bewusst) vor dem Spiegel aufhält! Als bewusster Beobachter fördern wir den Selbsterkenntnisprozess des **ICH**s noch intensiver, und zwar allein aufgrund der Tatsache, dass wir unseren freien Willen ganz gezielt dazu einsetzen, genau dieses zu wollen!

Mit zunehmendem Bewusstsein, auf diese *doppelwertige* Weise gezielt schöpferisch auf den Selbsterkenntnisprozess des **ICH**s einwirken zu können, werden wir selbst zum (geistigen) Schöpfer und haben entscheidenden Einfluss auf den fortwährenden dies- und jenseitigen Entwicklungsprozess *unserer* (unsterblichen) Seelen im ewigen, unermesslichen Erfahrungsschatz des **ICH**s!

Das eröffnet uns so manche Möglichkeiten bzw. hat folgende Konsequenz: Wollen wir Gutes in den Erfahrungsschatz des **ICH**s einbringen – was dann für immer und ewig mit *unserer individuellen* Seelen-Präsenz verbunden sein wird –, müssen wir positive Gedanken haben und gute Taten vollbringen. Gut sind unsere Gedanken und Taten dann, wenn sie die *Goldene Regel* zum Inhalt haben. Denn dann haben wir nicht nur unser persönliches Wohl im Blick, sondern auch das Wohl und damit das Seelenheil anderer. Auf diese Weise lösen wir ein wenig unseren Egoismus auf, weil wir es geschafft haben, uns nicht mehr vollständig von unserem Ego beherrschen zu lassen.

Bringen wir hingegen überwiegend negative Gedanken und schlechte Taten in den Erfahrungsschatz des nicht wertenden **ICH**s ein, wird das ebenfalls für immer und ewig mit *unserer individuellen* Seelen-Präsenz verbunden sein. Denn in diesem Fall ignorieren wir die *Goldene Regel* und lassen uns schließlich (bewusst oder unbewusst) von unserem Ego leiten und damit dominieren. Hier haben wir in erster Linie unser persönliches Wohl im Blick und weniger bzw. gar nicht das Wohl bzw. das Seelenheil anderer.

Mit diesem Wissen haben wir es also selbst in der Hand, wohin die Reise unserer individuellen Seelen-Präsenz, unseres *kausalen Seelen-Daseins* im ewigen Erfahrungsschatz des **ICH**s geht!

Fazit: Wir sind in Kenntnis des Schöpfungsprinzips aufgrund unseres freien Willens (wertneutral gesehen) immer Gestalter der Dinge! Wir sind — bezogen auf unsere Taten und Gedanken — stets verantwortlich dafür, auf welche Seite und mit welcher Vehemenz die Waagschalen „Gut" und „Schlecht" innerhalb der Schöpfung fallen bzw. steigen werden!

Propheten, Heilige und Gottessohn haben sich von ihrem Ego gelöst und für die *Goldene Regel* entschieden; sie gewichten die Waagschale ´Gut´. Diktatoren und Despoten werden hingegen von ihrem Ego dominiert und haben sich gegen die *Goldene Regel* entschieden; sie gewichten die Waagschale ´Schlecht´! Die guten und schlechten Kräfte sowie die jeweiligen Gegenkräfte wirken erdenspezifisch, bezogen auf die Seelen — gemäß dem Prinzip von ´Ursache und Wirkung´ — mithin immer auch weltenübergreifend!

Machen wir uns also bewusst: Jeder Einzelne von uns kann die jeweilige Waagschale signifikant beeinflussen. Wir müssen uns nur folgende Frage beantworten:

Auf welcher Seite und mit welcher Vehemenz
wollen wir (aufgrund unseres freien Willens)
mit Blick auf *unser kausales Seelen-Dasein*
die Waagschalen „Gut/Schlecht" (→ *Goldene Regel*)
entsprechend gewichten?

Wunder

Viele Menschen glauben an Wunder, an kleine und an große. Dabei muss der Glaube an ein Wunder nicht unbedingt mit Religiosität zusammenhängen, denn auch nicht gläubige Menschen bestreiten nicht, dass Unerklärliches in dieser Welt geschieht, das als Wunder bezeichnet werden kann oder zumindest an ein Wunder grenzt.

Somit stellen sich zwangsläufig die Fragen: Gibt es eine Verantwortlichkeit für Wunder? Könnte das **ICH** hierfür verantwortlich sein? Oder vielleicht etwas aus der überirdischen Welt, die auf Seelen-Ebene mit der irdischen Welt verwoben ist? Oder basiert doch alles auf bloßem Zufall?

Doch zunächst: Was ist überhaupt ein Wunder?

Bei einem Wunder handelt es sich letztendlich immer um eine individuelle Deutung eines unerklärlichen Ereignisses. Oder eines weitestgehend erklärbaren Ereignisses, das für die Betroffenen gleichwohl ein großes Mysterium darstellt. So definiert jeder Einzelne von uns selbst, was er als ein Wunder ansieht: die unerwartete Rettung aus einer ausweglosen Situation, die vollständige Genesung von einer als medizinisch unheilbar diagnostizierten Krankheit, die zufällige Begegnung jahrzehntelang verlorengeglaubter Angehöriger, das Überleben bei einem Flugzeugabsturz.

Laut *Duden* wird ein Wunder definiert als:
1. … außergewöhnliches, den Naturgesetzen oder aller Erfahrung widersprechendes und deshalb der unmittelbaren Einwirkung einer göttlichen Macht oder übernatürlichen Kräften zugeschriebenes Geschehen, Ereignis, das Staunen erregt.

2. … etwas, was in seiner Art, durch sein Maß an Vollkommenheit das Gewohnte, Übliche so weit übertrifft,
dass es große Bewunderung, großes Staunen erregt.
(Deutsches Universalwörterbuch, 7. Aufl., Mannheim 2011)

Bei einem Wunder scheint also eine höhere Macht in-
volviert zu sein. Doch bei allem, was wir bisher wissen,
kann die hier gemeinte höhere Macht nicht das **ICH** selbst
sein, denn dieses hält sich ja aus allem heraus; es beobachtet lediglich das Geschehen, ohne jegliche Wertung. Würde
das **ICH** für Wunder unmittelbar verantwortlich sein, weil
es direkt ins Geschehen eingriffe, wäre das Schöpfungsprinzip (**ICH** *is watching you!*) weitestgehend ausgehebelt. Das
zeigt, dass – aufgrund von Unwissenheit – ein ´Eingreifen
durch Gottes Hand´ nur allzu „menschlich" gedacht ist.

Bleibt festzuhalten: Von der urknallbedingten Schöpfung
als solcher einmal abgesehen, vollbringt das **ICH** keine weiteren Wunder! Welche höhere Macht können wir aber
dann mit Wundern in Verbindung bringen?

Ereignisse, die wir als Wunder ansehen, *können* in direk-
tem Zusammenhang mit Seelen aus verschiedenen **Jenseitswelten** stehen. Ist das der Fall, sind diese Seelen die
höhere Macht im hier verstandenen Sinn. Die Formulierung
´können´ ist deswegen angebracht, weil Seelen aus den
Jenseitswelten nicht zwangsläufig ihre Hand mit im Spiel
haben müssen, wenn es um wundersame Ereignisse geht.
Letztlich können derartige Ereignisse auf Erden auch völlig
unbeeinflusst von jenseitigen Seelen geschehen und damit
auf dem beruhen, was wir im Allgemeinen mit ´Schicksal´
oder dem ´Lauf der Dinge´ bezeichnen, wodurch Ereignisse

mit positivem Ausgang nicht weniger wundersam erscheinen. Dann jedoch sind diese Ereignisse *lediglich* die Folge naturgegebener Verläufe, z. B. aufgrund von physikalischen bzw. biologischen Gegebenheiten.

Weil Seelen in anderen Jenseitssphären keinen räumlichen und zeitlichen Beschränkungen und Begrenzungen im irdischen Sinn unterworfen sind, können sie Verbindungen zu irdischen Seelen haben, auch und gerade aufgrund ihrer ehemaligen familiären bzw. emotionalen Bindungen und Verflechtungen. Insbesondere können jenseitige Seelen Menschen als Geistwesen, die wir im Allgemeinen als *Engel* oder auch als *Schutzengel* bezeichnen, durchs Leben begleiten. Engel haben ihren festen Bestandteil in den großen (Welt)Religionen. Und auch einige Wissenschaftler meinen belegen zu können, dass Geistwesen tatsächlich existieren.

Jenseitige Seelen haben wie wir Menschen einen freien Willen. Aus diesem Grund können sie frei entscheiden, ob sie einem Menschen – sofern es in ihrer Macht steht – in einer konkreten Situation beistehen *wollen* oder nicht. Tun sie es, sind sie für ein bestimmtes Ereignis verantwortlich. Tun sie es nicht, entscheidet der Lauf der Dinge, wie eine Sache ausgeht. Dann gilt: Geschehen geschieht – gemäß den Naturgegebenheiten!
Aber: Vielleicht helfen jenseitige Seelen auch ganz bewusst nicht, obwohl sie es könnten! Die Verweigerung von Hilfe könnte für die Entwicklung des Betroffenen sogar von Vorteil sein, was dieser aber nicht oder vielleicht erst sehr viel später im Rückblick erkennt!

Wie dem auch sei: Wunder qualifizieren wir immer dann als Wunder, wenn wir unerklärliche Ereignisse im *positiven* Sinn erfahren. Wir betrachten beispielsweise die medizinisch unerklärliche Genesung eines Kindes von einer als unheilbar diagnostizierten Krankheit als Wunder; hierfür machen wir nur allzu gern eine höhere Macht verantwortlich, denn eigentlich sehnen wir uns danach, von einer überirdischen Macht umsorgt zu werden. Was aber, wenn dieses Kind an seiner Krankheit – eventuell sogar langsam und sehr leidvoll – gestorben wäre? Dann würden wir das Geschehene wohl als einen äußerst tragischen Schicksalsschlag einstufen, gar als große Ungerechtigkeit empfinden.

Es kann vorkommen, dass wir in solchen Fällen mit *Gott* hadern, ja sogar dem Glauben an ihn abschwören, weil er das Kind, wie wir meinen, auch hätte heilen können, es aber nicht getan hat! Unser hilfloses „Warum?" steht dann quälend im Raum! Bei einem negativen Ausgang des Geschehens machen wir nicht selten *Gott* für „seinen unerklärlichen *Un*willen" verantwortlich. Denn wir brauchen stets einen Verantwortlichen, einen Schuldigen! Doch ganz zu Unrecht, wie wir längst wissen: Das **ICH** trägt keinerlei Verantwortung für das jeweilige Geschehen innerhalb der Schöpfung, weder für einen positiven Ausgang („Wunder") noch für einen negativen Ausgang („Elend, Katastrophe").

Für etwaige Wunder können also nur jenseitige Seelen bzw. Schutzengel verantwortlich sein. Allerdings ist das für uns oft schwer zu erfassen. Beispiel:

Am 10. Juli 2018 haben Höhlentaucher in Thailand 12 junge Fußballspieler im Alter zwischen 11 und 16 Jahren und ihren 25-jährigen Trainer aus einem vier Kilometer langen, an zahlreichen Stellen völlig überfluteten Tunnelsystem gerettet. Weltweit haben die Medien hierüber berichtet. Was war geschehen? Nach dem Fußballtraining machten sich die Jungen auf, um die Höhle zu erforschen. Da sie von starken Regenfällen überrascht wurden und der Weg ins Freie von den zunehmenden Wassermengen komplett versperrt war, flohen sie notgedrungen ins Innere der dunklen feuchtkalten Höhle. Dort fanden sie nach einigen Kilometern, nachdem sie sich durch teils sehr enge Spalten hatten hindurchzwängen müssen, eine felsige Erhebung, die sie einigermaßen sicher vor dem nachströmenden Wasser schützte; dort blieben sie. Nach über einwöchiger langer und intensiver Suche wurden die Vermissten schließlich lokalisiert, und eine eindrucksvolle Rettungsaktion mit mehreren Hundert Einsatzkräften aus dem In- und Ausland begann. [In Südostasien war gerade Monsun-Saison. Daher wurde befürchtet, dass durch den Regen das Wasser in der Höhle schnell weiter steigen könnte. Eine spätere Rettung nach Ablauf der Monsun-Saison wäre also erst wieder ab Oktober möglich gewesen.] Ein Kampf gegen die Zeit begann, und die Welt hielt ihren Atem an. Da das Wasser nicht komplett abgepumpt werden konnte, mussten die Jungen für den Rückweg sogar kurzfristig das Tauchen lernen. Nach 17 Tagen Aufenthalt in der Höhle gelang es den Einsatzkräften mit größter Anstrengung schließlich, alle Jungen und den Trainer, verteilt über drei Tage, wohlbehalten durch das tückische Höhlensystem zu schleusen. Das glückliche Ende hatte jedoch eine tragische Seite, denn bei den Vorbereitungsarbeiten für die Rettung verunglückte ein thailändischer Spezialtaucher tödlich.

Wie ordnen wir dieses Ereignis nun ein? Hinsichtlich der Geretteten als ein Wunder? Allein schon, weil sie überhaupt gefunden wurden? Und: Hatte jeder der Geretteten einen Schutzengel, nur nicht der auf so tragische Weise ums Leben gekommene Helfer?

Was also offenbart uns dieses Beispiel?

Das **ICH** lässt Naturgesetze innerhalb der Schöpfung frei walten; daher können überirdische Seelen bzw. Schutzengel Naturgewalten nicht beeinflussen. Sie können aber ihren Schützlingen helfend zur Seite stehen, wenn es in ihrer jeweiligen Macht liegt und ihrem freien Willen entspricht. In diesem Fall kann *ihnen* für ihren jeweiligen Beistand die Verantwortung zugesprochen werden. Können oder wollen sie nicht helfend beistehen – zu bedenken ist zudem, dass nicht jeder Mensch einen Schutzengel an seiner Seite hat –, entscheidet der Lauf der Dinge, ob es zu „wundersamen" oder zu „tragischen" Ereignissen kommt.

Ist das Eingreifen-Können/-Wollen von überirdischen Seelen bzw. Schutzengeln nun gerecht und ihr Nichteingreifen-Können/-Wollen eher ungerecht?

Für mitfühlende Menschen, die das Schöpfungsprinzip im hier verstandenen Sinn nicht verinnerlicht haben, ist das bei einem negativen Ausgang des Ereignisses wohl so; aus Sicht des **ICH**s als unparteiischer und neutraler Beobachter spielen Gerechtigkeit und Ungerechtigkeit, wie wir Menschen es verstehen, hingegen keine Rolle! Denn tragische wie auch wundersame Ereignisse – ob mit oder ohne Beistand von jenseitigen Wesen/Seelen – sind unumgängliche Bestandteile des Schöpfungsprinzips.

ICH bedingt *ein* Ich

Wir kennen mittlerweile das Ziel und das „Wesen" des **ICH**s. Verschiedene Aspekte haben uns zu dieser Erkenntnis geführt. Der Urknall, ´Alles ist Eins´ und unsere, aus der irdischen Dualität resultierende gefühlte Getrenntheit mit allem um uns herum sind nur beispielhafte Einzelaspekte, die uns in letzter Konsequenz offenbaren: Weil *alles* **ICH** ist, entstammen *alle individuellen* Ichs letztlich *einem einzigen universellen* ´Ich´ der Menschheit, das beim Erwachen des **ICH**s nur aufgespalten wurde, um milliardenfach in irdische wie auch überirdische Hüllen einziehen zu können! Es gilt:

ICH bedingt *ein* Ich.

Um diese Aussage vollumfänglich als wahr zu erfassen, müssen wir die noch letzte gedankliche Hürde überwinden. Dafür müssen wir uns nicht weniger als komplett von unserer Individualität lösen und die Geistigkeit der Menschen als *ungetrennte universelle Einheit* begreifen.

Weil die Seele, das natürliche, authentische Ich und das Ego eines jeden Menschen individuellen Körpern anhaften, die in unserer (Außen)Welt mit all den von uns gemachten individuellen Erfahrungen „*den* Menschen" auszumachen scheinen, empfindet sich jeder Mensch als Individuum, als von seinen Mitmenschen getrennt. Das begründet nach unserem Verständnis die Persönlichkeit bzw. Eigenart eines jeden Menschen, verbunden mit der Bildung einer sehr ausgeprägten Ich-Bezogenheit des Einzelnen. Im irdischen Reich der Dualität ist das zwangsläufig so. Daraus resultiert unsere übliche Blickrichtung: *„Ich hier, du dort!"*

Was aber wäre, wenn jegliche Körperlichkeit mitsamt den jeweiligen Egos von jetzt auf gleich verschwände? Ganz einfach: Dann wäre das natürliche, authentische Ich jedes Einzelnen nicht mehr beschränkt auf (s)einen Körper; es wäre quasi hüllenlos, an nichts mehr gebunden. Damit entfiele die Ich-Bezogenheit und damit auch das Du des jeweils anderen. Denn einen anderen gäbe es mangels Getrenntheit dann nicht wirklich. Das Ich eines Menschen würde ganz unvermittelt auf bzw. – beinahe *versinkend* – in das Ich ´seines Gegenübers´ blicken: *„Ich hier, ich dort!"*

Mithilfe dieser Sichtweise sollten wir den Mut zu folgendem kleinen Experiment aufbringen: Blicken wir zunächst einem uns nahestehenden, später auch einmal einem uns fremden Menschen tief in die Augen und denken dabei:
„Mein Ich und dein Du gibt es nicht. In Wahrheit sind sie eins. Nur unsere Körperlichkeit trennt unsere jeweiligen Ichs voneinander. ´Denn nicht das Individuum hat Bewusstsein, es ist das Bewusstsein, das unzählige Formen annimmt.´"

Der ultimative Höhepunkt beim sexuellen Akt löst bei irdischen Wesen die vermeintliche körperliche Getrenntheit für wenige Sekunden auf. Doch wohl nur wir Menschen als Seelenwesen erahnen intuitiv in dieser kurzzeitigen körpervergessenen Phase das Eins-Sein mit „etwas Höherem", weswegen wir den sexuellen Akt und das hiermit verbundene kaum beschreibbare Gefühl der Selbstvergessenheit, der körperlichen Leichtigkeit bzw. Befreiung, aber zugleich auch der seelischen Vereinigung, immer wieder aufs Neue erleben wollen!

Schlussendlich gibt es im hier beschriebenen Sinn auch nur *eine* Seele, die von dem *einen* Ich ohnehin nicht zu trennen ist – und eben auch nur *einen* Lichtkörper!

Das Ich, die Seele, der Lichtkörper eines jeden Menschen (letztlich sind das nur unterschiedliche Begriffe, um den ´göttlichen´ Funken im Menschen umschreiben zu können) kehren irgendwann ins **ICH** zurück. Zu *gegebener Zeit*, also mit dem Abwenden des **ICH**s von der Schöpfung, verbinden sich sämtliche hüllenlosen ´Ichs = Seelen = Lichtkörper´ zu *einem einzigen universellen* „Ich", um schließlich (wieder) **im** Ende – nicht **am** Ende (das **ICH** hat ja kein Ende, siehe Kapitel **ICH-*BIN-DA***) – mit dem **ICH** zu verschmelzen.

Eins-Sein (Einheit, Verbundenheit) ist Ursprung für alles irgendwann einmal Getrennte, denn ohne Getrenntheit gäbe es auch kein Eins-Sein! ´Alles ist Eins´ ist für uns daher nur begreifbar, wenn wir Getrenntheit im Rahmen der irdischen Polarität und Dualität *bewusst* erfahren.

Was bedeutet dann noch Trennung?
Trennung ist aufgrund der Omnipräsenz des universellen Bewusstseins im eigentlichen Sinn keine Trennung. Denn im *Alles ist Eins* ist jegliche (gefühlte) Trennung immer *nur* eine Illusion!

Die Krönung der Schöpfung

Sind wir Menschen die Krönung der Schöpfung?

Diese Frage lässt sich nach all dem Gesagten ganz klar beantworten: Wir sind es nicht!

Der Mensch ist geistig das wohl am meisten entwickelte irdische Lebewesen mit einem freien Willen und einem ausgeprägten (Ich-)Bewusstsein. Zumindest nehmen wir das an! Aber können wir abschließend beurteilen, ob andere irdische Wesen auf ihre ganz spezielle Art und Weise nicht ebenso oder sogar höher entwickelt sind als wir? Soziale Gefüge im Tierreich, etwa die von manchen Insekten wie Ameisen und Termiten, sind ebenfalls hochentwickelt. Sie existieren jedoch einige Millionen Jahre länger als wir. Und vermutlich werden sie wegen ihrer Spezialisierung und enormen Anpassungsfähigkeit eine ganze Weile nach uns auf der Erde weiterexistieren. Sind sie damit nicht erfolgreicher und auch höher entwickelt als wir?

Ein anderes Beispiel ist die *wundersame* Metamorphose von so manchen Tieren, z. B. von Schmetterlingen, Libellen und Lurchen. Können wir eine derartige Verwandlung auch nur ansatzweise vergleichbar zu unserem Erfahrungsschatz zählen, aus dem das **ICH** Erkenntnis zieht?

Und wie ist es mit der subtilen Kommunikationsfähigkeit bei manchen Tierarten, man denke nur an die geheimnisvollen Walgesänge und das tiefe Brummen von Elefanten, von ihren jeweiligen Artgenossen wahrnehmbar über viele Kilometer hinweg? Oder bei Pflanzen und Pilzen, die über ihre Wurzeln und Myzelien – teils sehr großflächig und weitverzweigt – komplexe Symbiosen eingehen?

Entscheidend für die Beantwortung der Eingangsfrage dieses Kapitels ist die Erkenntnis aus allen Kapiteln zuvor:

ICH *wertet nicht!*

Hinzu kommt Folgendes:

Mögen wir *ego*gesteuerten Wesen uns als Krönung der Schöpfung betrachten, die Wahrheit ist: Die Krönung der Schöpfung kann nichts sein, was lediglich deren illusionärer Bestandteil ist, insbesondere – mit Blick auf unsere Erde – nicht der Mensch oder ein anderes Geschöpf. Vielmehr ist die Krönung der Schöpfung die *Schöpfung* selbst. Ohne sie, ohne das illusionäre Große Ganze, könnte sich das **ICH** nicht selbst erfahren, sich nicht als absolute Vollkommenheit bewusst machen. Ohne das gespiegelte (äußerliche) ´DU´, wäre ´**ICH**´ niemals (innerlich) erwacht!

Ohne Erwachen würde das **ICH** als ´*Ab*-Wesenheit´ nach wie vor im ewigen Nun „weiterschlummern"! Universelle Bewusstheit wäre nicht zur universellen Selbst-Bewusstheit bzw. **ICH**-*BIN-DA*-Bewusstheit (´*An*-Wesenheit´) erwacht!

Und so schließt sich der Kreis rund um die Schöpfung und der sie erschaffenden Quelle: Wenn die Krönung der Schöpfung die illusionäre Schöpfung selbst ist, dann krönt sich das **ICH** mit ´N*ICH*TS = ALLES´ quasi selbst. Alles andere wäre im Reich der Vollkommenheit nicht vollkommen!

Allerdings stellt sich dem **ICH** die Frage nach der Krönung der Schöpfung – anders als uns egobehafteten irdischen Geschöpfen – nicht!

Die Gleich*gültig*keit - *Schlussbemerkung*

Wir sind nun am Ende dieses Buchs angelangt. Es ist ein Angebot an Sie, verehrte Leserinnen und Leser, *unsere* Schöpfung bzw. das Große Ganze, dessen winziger Teil wir menschliche Seelenwesen sind, religionsübergreifend aus einem etwas anderen Blickwinkel zu betrachten.

Diejenigen unter Ihnen, die dem Inhalt dieses Buchs eventuell skeptisch gegenüberstehen, sollten aber gleichfalls berücksichtigen – und auch anerkennen! –, dass der freie Wille des Menschen die unterschiedlichsten religiösen und außerreligiösen Ansichten hat entstehen lassen. Egal, ob man die eine oder andere Ansicht nun überzeugend bzw. weniger überzeugend findet oder gar strikt ablehnt, das **ICH** nimmt auch diesbezüglich sämtliche Ansichten und Empfindungen unvermittelt auf und überführt sie in seinen reichhaltigen Erfahrungsschatz. Denn es wertet ja nicht, es betrachtet jede Erfahrung als gleich-*gültig*, als absolut gleichberechtigt nebeneinanderstehend!

Das **ICH** lehnt nichts ab und befürwortet nichts, das tun nur wir egogesteuerten Menschen. Nur deswegen gibt es Konflikte. Sie sind das Resultat unseres irdisch-dualistisch geprägten Denkens und der Sichtweise, dass wir letztlich voneinander getrennt sind. Erkenntnis über das vollkommene **ICH** können wir gleichwohl nur aus der Erkenntnis über die irdische Existenz der Zwei- bzw. Vielheit erlangen. Und das gilt ebenso für das **ICH**, denn: Nur wer den Zaun überschreitet *[und die Fremde erlebt]*, kennt die Bedeutung der Dinge innerhalb des Zaunes *[weiß, was Heimat ist]*!

Indem wir begreifen, auf welche *schöpferische* Art und Weise sich das **ICH** *in* und *durch* uns erkennt, erkennen wir uns selbst. Unsere Erkenntnis über das Erwachen des **ICH**s geht einher mit der Erkenntnis, dass wir uns über den Sinn unseres Daseins *erschöpfend* bewusst werden. Und: Ohne uns seelenhaften Wesen wäre das **ICH** nicht komplett in seiner Erkenntniswelt. Das offenbart uns, dass nichts und niemand innerhalb der Schöpfung überflüssig bzw. unnütz ist. Diese Sichtweise sollte unser tägliches ermutigendes und inspirierendes Mantra sein, denn es verstärkt unsere Empathie und ist Balsam für unser Seelenheil!

Alle Menschen sind ´Brüder und Schwestern´ im Geiste! Wir alle sind das Spiegelbild des **ICH**s! *Wir alle sind Eins!* *Weil alles eins ist!* Und genau aus diesem Grund ist unser illusionäres irdisches Dasein mit unseren nicht illusionären unsterblichen Seelen so besonders, so segensreich!

In diesem Sinn:

Bleiben wir auf den Spuren des **ICH**s, dann bleiben wir auf den Spuren zu *uns* selbst!

Nehmen wir die gesamte Außenwelt als *unser* Spiegelbild wahr, so wie es das **ICH** in Bezug auf *sein* DU macht! Seien wir reflektierend, achtsam, *neu*-gierig!

Segnen wir den Funken der ´Quelle allen Seins´ in uns und machen uns bewusst, dass ausnahmslos *jeder* Mensch diesen *´göttlichen´* Funken in sich trägt und damit (bewusst oder unbewusst) zum unermesslich reichen Erfahrungsschatz des **ICH**s beisteuert (ob er will oder nicht)!

79

Halten wir daran fest, egal wie schwer es uns wegen der Taten und Untaten Einzelner oder wegen unserer eigenen Taten und Untaten auch fallen mag! Denken wir hier stets an das Große Ganze, um nicht im Kleinsten, in uns selbst, zu versinken! Nur auf diese Weise sind wir in der Lage, uns zu verinnerlichen, warum es *uns* und die Schöpfung gibt!

Nur so begreifen wir den Sinn des Lebens. Wir realisieren die Existenz unseres unsterblichen Seelenlebens und die sich daraus ergebende Tatsache, dass es den Tod, *unseren* Tod, eigentlich nicht gibt! Dies alles zu erkennen, ist für uns Erdengeschöpfe ***die*** Herausforderung im Hier und Jetzt! Unserem eigenen *E r w a c h e n* auf Erden – und darüber hinaus (!) – steht ab sofort nichts mehr im Weg. Denn:

Wer die Wahrheit über die Schöpfung erfasst hat, weiß,

warum wir sind, **was** wir sind!

Geheimnis gelüftet!

ICH durchschaut!